El Cariñoso e Infinito Amor de Dios

Escrito por

Dra. Beatriz Schiava

St. Louis, Missouri

2016

ANCIENT CHRISTIANITY PRESS

Título: EL CARIÑOSO E INFINITO AMOR DE DIOS
Autor: Dra. Beatriz Schiava
Libro publicado por: Ancient Christianity Press
Una división de Ancient Christianity & Amittai Press. L.L.C.
St. Louis MO. U.S.A. www.ancientchristianitypress.com
Portada: "Dejad que los niños vengan a Mi," Artista: Carl Heinrich Bloch.

El texto Bíblico ha sido tomado de las versiones
Reina-Valera ©1960 Sociedades Bíblicas en América Latina © renovado
1988 Sociedades Bíblicas Unidas. Utilizado con permiso. El texto bíblico
indicado con «NTV» ha sido tomado de la *Santa Biblia*, Nueva Traducción
Viviente, © Tyndale House Foundation, 2010. Usado con permiso de
Tyndale House Publishers, Inc., 351 Executive Dr., Carol Stream, IL 60188,
Estados Unidos de América. *Dios habla hoy ®,* © Sociedades Bíblicas
Unidas, 1966, 1970, 1979, 1983, 1996. Versos en letras itálicas para darles
énfasis.

Amor de Dios—Cristianismo. Teología—Religión. Espiritualidad—Jesús.
Biblia—Jesucristo. Cristianismo—Evangelio—Meditación.

Library of Congress Control Number: 2016942364
ISBN-978-0-9965673-3-6
ISBN-0-9965673-3-X
ISBN E-Book: 978-0-9965673-4-3
ISBN E-Book: 0-9965673-4-8
Primera edición: Septiembre 22, 2016. St. Louis, MO. U.S.
Imprimido en los Estados Unidos de Norteamérica.
10 9 8 7 6 5 4 2 1

INDICE

Pero la gracia de nuestro Señor fue más abundante

con la fe y el amor que es en

Cristo Jesús.

—1 Timoteo 1:14—

INTRODUCCIÓN

Nosotros le amamos a él, porque él nos amó primero, (1 Juan 4:19).[1] Cuando Jesús con gran compasión y ternura nos tocó con su preciosa gracia y nos salvó, empezamos una jornada con él llena de bendiciones.

El amor de Dios tiene el poder de alcanzar a todos los seres humanos, a todos aquellos que abren su corazón para recibirle y dejar que Dios transforme sus vidas y, que al convivir con otros seres humanos, estos sean tocados también con la gracia divina.

La presente obra es de principio a fin acerca del amor de Dios. Hablamos en este libro del poderoso amor de Dios, el cual nos da la fuerza y el valor para vivir cada día con alegría en nuestros corazones. Es el amor maravilloso de Dios que nos transforma a la semejanza de Jesús Cristo y que nos inspira a servir y a amar a nuestros semejantes como a nosotros mismos.

Así mismo, también hablamos acerca del piadoso amor de Dios, que nos llena con la dulce esperanza del Jesús resucitado que con júbilo, nos lleva hasta la vida eterna; hablamos del amor de Dios que nos da el consuelo de hijos queridísimos, y esa gran paz que solo Dios nos puede dar y que no podemos entender, pero que sentimos tan real cuando pasamos por los momentos más difíciles de nuestras vidas y en nuestros sufrimientos más profundos. Es el maravilloso amor de Dios el que le da sentido, propósito, y dirección a nuestras vidas y el que nos ayuda a vivir contentos y satisfechos. La ternura del amor de Dios, nos inspira a vivir separados del pecado. Cuando sentimos el amor de Dios en nuestros corazones, no queremos pecar más, por no ofender la santidad de Dios. Unidos al amor de Dios, evitamos todo el sufrimiento inútil y el dolor que resulta de la comisión del pecado.

El propósito de este libro es ayudar al lector a reflexionar y comprender cuán grande es el amor de Dios, y que, "podamos comprender con todo el pueblo santo cuan ancho, largo, alto y profundo es el amor de Jesús Cristo: Pido pues, que conozcan ese amor, que es mucho más grande que todo cuanto podemos conocer, para que lleguen a colmarse de la plenitud total de Dios," (Efesios 3:18-19).[2] Se empieza a experimentar el amor cariñoso, tierno e infinito de Dios al darnos cuenta de cuánto Dios nos ama; es en verdad, el amor de Jesús Cristo lo que nos salva.

Nuestros corazones se regocijaron cuando vinimos a Jesús Cristo, y tuvo compasión de nosotros y nos salvó; y por eso exclamamos llenos de júbilo: ¡La gracia de Dios me ha tocado! ¡Es su gracia bendita la que me ha buscado y me ha encontrado! ¡Jesús vive en mí! ¡Ya nunca más estaré solo! ¡Ya nunca más seré el mismo! Jesús esta siempre con nosotros; la obscuridad que nublaba los ojos de nuestra alma y nos impedía ver el sendero angosto que lleva a la vida eterna, fue reemplazada por su luz esplendorosa, siempre más brillante, que alumbra y disipa nuestra obscuridad, iluminando todo nuestro ser. Nuestros corazones, por medio de la gracia de Dios, se abrieron a la realidad de que Jesús pensó en cada uno de nosotros.

Jesús Cristo, quien por su propia voluntad llevó su cruz, cargando con nuestros pecados para liberarnos de la esclavitud en que vivíamos. Jesús nos lavó por completo en su sangre y nos perdonó todos y cada uno de nuestros pecados para poder, ya libres de la culpa, experimentar plenamente su amor por nosotros, la vida abundante que Dios nos da, el agua viva que mana hasta la eternidad.

Por esto, la salvación y el perdón de los pecados, marcan el comienzo de nuestra jornada de vida con Jesús. Dios nos ama tanto, que no nos puede dejar enfermos y heridos por el pecado como cuando llegamos a Jesús por primera vez. Jesús nos ama incondicionalmente y desea solamente nuestra felicidad. Sin embargo, Él no puede hacer nada para ayudarnos si nosotros no aceptamos su ayuda utilizando nuestro libre albedrío. Cristo Jesús desea sanar nuestras almas para que nosotros podamos desarrollar todo nuestro potencial como seres humanos y desea que nosotros descubramos nuestra vocación, nuestro llamado en la vida, que es el amor a Dios y al prójimo, y el ser siervos de Dios sirviendo a todo aquel que lo necesite.

Jesús quiere que nosotros descubramos en Él nuestra razón para vivir, haciéndolo el centro de nuestra vida, porque Él es, nuestra verdadera felicidad.

Jesús está esperando por nosotros con los brazos abiertos a que le digamos:

¡Si Jesús! ¡Por favor transfórmame a tu semejanza!
¡Por favor, renuévame!

¡Si Jesús! ¡Sana mi alma, mi cuerpo, y el sufrimiento que todavía oprime mi corazón!

¡Si, Jesús! ¡Dame tu Santo Espíritu, y enséñame como vivir para ti y servir a todos aquellos con los que convivo!

¡Si Jesús! ¡Dame santidad, y un corazón amoroso, compasivo y cariñoso!

Y Jesús, por favor, jamás, dejes que me vaya de tu presencia.

Sé que has escuchado esta humilde oración.

¡Gracias Jesús!

¡En el Nombre del Padre, a quien pedimos, por medio de su Hijo Cristo Jesús, nuestro Salvador, Amen!

Debemos venir a Jesús Cristo porque es nuestra decisión seguirlo y cooperar con Él, para que con su ternura y gentileza nos conforme día a día a Su semejanza, a través de toda la vida. Jesús cerrará nuestras heridas quitando aquello que no sirve y que ensucia al alma, para así sanarnos.

Además de experimentar sanación, también Jesús nos dará un corazón como el suyo, lleno de amor, gentileza, y compasión por nuestro prójimo. El amor de Jesús nos llenará el corazón, y así, viviendo en nosotros, continuaremos viviendo con Él eternamente.

Una vez que hayamos decidido seguir a Jesús, su amor, y su esperanza, no nos abandonarán; nosotros *somos la obra maestra de Dios. Él nos creó de nuevo en Cristo Jesús, a fin de que hagamos las cosas buenas que preparó para nosotros tiempo atrás,* (Efesios 2:10).[3] La jornada en compañía de Jesús empieza cuando nacemos de nuevo y confiamos nuestras vidas a Jesús Cristo. Sin embargo nuestra jornada no termina ahí. Nosotros caminaremos con Jesús durante toda la vida, hasta el día en que llenos de júbilo, veamos a Jesús cara a cara en su reino celestial

En este libro, revisamos lo que la Biblia dice acerca del amor de Dios Padre y de Su Hijo Jesús. Para la inteligencia humana es imposible comprender totalmente el amor de Dios. Sin embargo, nosotros podemos sentir su amor si estamos abiertos a recibirlo. Nosotros podemos experimentar el amor de Dios a través de su Santo Espíritu, que nos da la paz de Dios y el gozo del alma. Nos damos cuenta que el amor de Dios es nuestra verdadera felicidad, porque cuando tenemos a Jesús con nosotros, en verdad, que lo tenemos todo: *El Señor es mi pastor; tengo todo lo que necesito,* (Salmo 23:1).[4]

Cuando decidimos seguir las instrucciones, los preceptos y los mandamientos de Dios con la ayuda de su Santo Espíritu, encontramos verdadera paz y gozo del alma. Estos dones no tienen nada que ver con nuestras posesiones, prestigio, clase económica, social o educación; ni tampoco con una vida libre de dificultades, sino más bien, con una estrecha relación con Dios que nos da su gran paz y el gozo del alma.

El estar contentos y satisfechos en la vida es el resultado de una relación harmónica e intima con Dios. Nuestra relación con Dios depende de nuestro conocimiento de Él, por medio de su palabra, la obediencia a su palabra, y el confiar en Jesús dejando nuestras vidas en sus amorosas manos. Nuestra relación con Dios, a través de su Hijo Jesús, debe de ser de plena confianza, *Porque el Señor es bueno; su amor es eterno y su fidelidad no tiene fin.* (Salmo 100:5).[5] En todos los eventos de nuestras vidas, Jesús está con nosotros, porque el amor de Dios por nosotros no depende de nuestros sentimientos o de nuestras emociones. El amor de Dios es constante, fiel, tierno, incondicional, poderoso, siempre presente, y eterno.

Querido lector, tú puedes experimentar el amor de Dios conociéndolo mejor por medio de su palabra. En este libro encontrarás una gran selección de versículos bíblicos que han inspirado a los cristianos de todos los tiempos a amar a Dios con todo el corazón. Este libro es también una súplica para retornar al corazón de Jesús, para conocerlo mejor y aceptar su cariñoso e infinito amor. Quiero compartir contigo, querido lector, este Dios amoroso y cariñoso, el Único y Santo Dios, y su hijo Cristo Jesús. Su luz, eternamente brilla, e ilumina mi obscuridad y suaviza las dificultades de la vida. ¡Me regocijo en la salvación de nuestro Señor Jesús! Es nuestra salvación un gran tesoro, cuyo precio invaluable fue pagado por Jesús en la cruz. Nada más es necesario, y sin embargo, con su salvación, este Dios generoso y amoroso añade tantas otras bendiciones.

Jesús nos dice: *Mas buscad primeramente el reino de Dios y su justicia, y todas estas cosas os serán añadidas,* (Mateo 6:33). Nosotros siempre estaremos en deuda con nuestro Señor; no hay nada que podamos hacer para pagar tanta generosidad. El apóstol Pablo nos recuerda: "Porque por gracia sois salvos por medio de la fe; y esto no de vosotros, pues es don de Dios; no por obras, para que nadie se gloríe," (Efesios 2:8-9).

Le pido a Dios en oración, querido lector, que este libro sea de mucha bendición para ti. Que el amor de Dios y sus bendiciones abunden en tu corazón, y que descubras y vivas el cariñoso e infinito amor de Dios por ti; "así que, ¡gracias a Dios!, quien nos ha hecho sus cautivos y siempre nos lleva en triunfo en el desfile victorioso de Cristo. Ahora nos usa para difundir el conocimiento de Cristo por todas partes como un fragante perfume," (2 Corintios 2:14).

Beatriz Schiava, MD, MTS, MA.
St. Louis, Missouri.
Estados Unidos de Norteamérica
Septiembre 12, 2016.

Capítulo 1

EL AMOR DE DIOS

"Porque de tal manera amó Dios al mundo, que ha dado a
su Hijo unigénito, para que todo aquel que en él cree, no se
pierda, mas tenga vida eterna."
—Juan 3:16—

El amor viene de Dios porque *Dios es amor*, (1 Juan 4:7-8).
Nosotros somos un reflejo del amor de Dios porque
Dios es el origen, la fuente y la causa del amor. Es
natural tener sentimientos de amor. Desde que éramos bebés,
nosotros experimentamos la sensación cálida del amor en
nuestros corazones. Sentimos amor por nuestros seres queridos,
por nuestras mascotas y por la naturaleza. También sentimos
amor cuando vemos a nuestros seres queridos y nos sentimos
amados. Nos sentimos felices y queremos compartir con
aquellos que amamos nuestro tiempo, y nuestras mutuas
experiencias. Nos importa lo que les suceda a nuestros seres
amados y tratamos de informarnos de lo que pasa en sus vidas;
y por ello mostramos gran interés en conocer hasta los mínimos
detalles.

También expresamos nuestro amor dando. Les hacemos
regalos con el simple deseo de verlos felices, y nos hace feliz
saber, que lo que les obsequiamos fue de su agrado. Nuestros

hijos despiertan en nosotros sentimientos de amor y ternura. Los cuidamos y proveemos para ellos, alentándolos y ayudándolos a ver sus errores para que aprendan de ellos. Nosotros amamos a nuestros hijos cuando les enseñamos primeramente, a amar y honrar a Dios; les enseñamos a nuestros hijos a ser ciudadanos responsables y respetuosos de las leyes de nuestra sociedad. En verdad queremos que nuestras enseñanzas hagan de nuestros hijos en el futuro, esposos y padres amorosos y responsables.

Nuestras amadas mascotas también se convierten en parte integral de nuestras familias al compartir con ellos y mostrarles amor al cuidarlos. Además de nuestras familias, queremos a nuestros amigos, y a nuestros vecinos, y aún muchas veces, a aquellas personas que no conocemos, pero que necesitan de nuestra ayuda.

Muchas personas sacrifican sus vidas por seres queridos y algunos sacrifican sus vidas aún por desconocidos. Cuando vemos la televisión, nos enteramos de historias de altruismo que nos inspiran y muchas veces nos asombran. Una persona arriesga su vida para rescatar a niños atrapados en el incendio de una casa; alguna otra persona dona uno de sus riñones a un desconocido. Estos son algunos de los muchos ejemplos de altruismo y amor al prójimo. Aún así, no obstante nuestra gran capacidad para amar, nuestro amor humano jamás se podrá comparar con el amor de Dios, el cual es, infinito, fiel, cariñoso, perfecto e incondicional.

Cuando conocemos a Dios y comprendemos cuanto nos ama, cuan importantes somos para Él, y como cuida de nosotros, entonces encontramos una fuente inagotable de amor. El amor de Dios nos da seguridad y confianza. Su amor le da propósito y dirección a nuestras vidas, felicidad y gozo. El amor de Dios nos inspira y transforma nuestras vidas y le da sentido a nuestra existencia.

Nadie nos amará como Dios nos ama. El amor de Dios es incondicional y perfecto. Su amor es más grande que cualquier sentimiento de amor que hayamos sentido en el pasado: *Pues su amor inagotable hacia los que le temen es tan inmenso como la altura de los cielos sobre la tierra,* (Salmo 103:11).[6]

Jesucristo, el Hijo de Dios, es la prueba más grande de que Dios nos ama. Es inconcebible, impensable, que cualquiera de nosotros de a su hijo unigénito por la humanidad pecadora, sabiendo que en el futuro cercano Jesús seria crucificado; y sin embargo, Dios Padre nos dio a su hijo amado, porque así es de enorme e insondable el amor que Dios Padre tiene por la humanidad sufriente.

También es inimaginable, verdaderamente increíble, que Su Hijo Jesús haya dicho que sí a Dios Padre en todo, incluyendo dar su propia vida para salvar a la humanidad conociendo de antemano, el gran sufrimiento físico y emocional que debía aguantar, y la injusta e inconcebible muerte, que sufriría, y sin embargo, Jesús así lo quiso: "El Padre me ama, porque sacrifico mi vida para poder tomarla de nuevo. Nadie puede quitarme la vida sino que yo la entrego voluntariamente en sacrificio. Pues tengo la autoridad para entregarla cuando quiera y también para volver a tomarla. Esto es lo que ordenó mi Padre," (Juan 10:17-18).[7] Jesús sabía que mucha gente, a la cual él intentó salvar, no querían ser salvos. Él sabía que como fue durante su aprehensión, su juicio, y su crucifixión, mucha gente en el futuro también lo traicionarían, también lo insultarían, haciendo ridiculo de Él, y rechazándolo una y otra vez. Aun así, quiso el Hijo de Dios ir voluntariamente a la cruz por nosotros, aún por aquellos que hasta hoy lo rechazan.

Dios Padre y su Hijo Jesús nos aman con amor infinito y sin condiciones. Jesús dijo: "'Y la voluntad de Dios es que yo no pierda ni a uno solo de todos los que él me dio, sino que los resucite, en el día final. Pues la voluntad de mi Padre es que todos los que vean a su Hijo y crean en él tengan vida eterna; y yo los resucitaré en el día final, '" (Juan 6:39-40).[8]

Capítulo 2

JESÚS ES NUESTRA VERDADERA FELICIDAD

El entendido en la palabra hallará el bien,
Y el que confía en Jehová es bienaventurado.
—Proverbios 16:20—

Jesús, el Hijo de Dios, quien es Dios y Uno con Dios, se hizo hombre por su inmenso amor por la humanidad para ser luz en nuestra obscuridad, para ser nuestra esperanza y nuestra felicidad: *En esto se mostró el amor de Dios para con nosotros, en que Dios envió a su Hijo unigénito al mundo, para que vivamos por él. En esto consiste el amor: no en que nosotros hayamos amado a Dios, sino en que él nos amó a nosotros, y envió a su Hijo en propiciación por nuestros pecados,* (1 Juan 4:9-10). Dios Padre, a través de su hijo Cristo Jesús vino a nosotros porque Dios no quería que sus hijos se perdieran, sino que deseaba que sus hijos vinieran a Él quien es el verdadero amor y la verdadera vida.

Jesús sufrió la muerte en la cruz para reconciliarnos con el Padre, para salvar a la humanidad y darnos vida eterna: "Mas Dios muestra su amor para con nosotros, en que siendo aún pecadores, Cristo murió por nosotros. Pues mucho más, estando ya justificados en su sangre, por él seremos salvos de la ira.

Porque si siendo enemigos, fuimos reconciliados con Dios por la muerte de su Hijo, mucho más, estando reconciliados, seremos salvos por su vida," (Romanos 5:8-10).

Jesús llegó a los extremos para acercarse a nosotros. Jesús dio su vida por nosotros para reconciliarnos con Dios y así tener Amistad con Él:

"Porque si siendo enemigos, fuimos reconciliados con Dios por la muerte de su Hijo, mucho más, estando reconciliados, seremos salvos por su vida. Y no sólo esto, sino que también nos gloriamos en Dios por el Señor nuestro Jesucristo, por quien hemos recibido ahora la reconciliación," (Romanos 5:10-11).

Cuando le damos nuestra vida a Jesús confiando en Él, sabemos que el cuidará como un padre amoroso de nosotros porque somos sus hijos. Sin importar la situación en la cual nos encontremos, nosotros tenemos la plena confianza, que gracias a la muerte de Jesucristo en la cruz y su *resurrección para nuestra justificación*, Dios escucha nuestras oraciones, porque Jesús vive y está al pendiente de nosotros.[9] El escuchará nuestra petición y nos dará lo mejor porque nos ama.

Nosotros contamos con su testamento de amor, la Biblia, para saber cuál es la voluntad de Dios para nuestras vidas y como vivir en unión con Él. La palabra de Dios es nuestra guía para tener vidas de abundancia y de bendición, y para evitar los errores en la vida que nos causan sufrimiento:

"El ladrón no viene sino para hurtar y matar y destruir; yo he venido para que tengan vida, y para que la tengan en abundancia," (Juan 10:10).

El ladrón es Satanás, el dios de este mundo.[10] Satanás nos ofrece dinero, lujuria, comodidades, drogas, y el deseo de poder y de tener más, para distraernos de nuestro propósito en la vida, el dulce y perfecto camino de Dios.

Una persona que ama al mundo y sigue su engañoso camino, no parará hasta que se salga con la suya, aún si esto implica el romper los mandamientos de Dios y las leyes de nuestros gobiernos. Todos los caminos de Satanás resultan en esclavitud al pecado, muerte, destrucción y sufrimiento.

Si Satanás consigue engañarnos, finalmente nos destruirá separándonos eternamente de Dios. Satanás ciega a los seres humanos, y trata de convencerlos de que substituyan a Dios por dinero, lujos, y los placeres de la carne. Este ángel caído llamado Lucifer, tuerce la realidad con mentiras y engaños. El nos llena de miedos, nos hace pensar que no hay soluciones a nuestros problemas, que toda esperanza está perdida. Satanás nos llena con desesperanza y nos susurra al oído que estamos solos en este mundo sin escape ni solución. Satanás es maestro en el uso del lenguaje "políticamente correcto." El usa verdades a medias. Si Satanás dijera la verdad, dejaría de ser Satanás, porque él es el padre de las mentiras; pero si Satanás dice una gran mentira, sería fácil de detectar que nos está mintiendo. Por esta razón, el método más antiguo de Satanás es decir mentiras disfrazadas de verdades, o verdades a medias, escondiendo información que nos permita tomar mejores decisiones. Además, Satanás esconde de nosotros las desastrosas consecuencias cuando seguimos el consejo del mundo. Es por esto que las mentiras disfrazadas de verdad de Satanás dichas sin consecuencias nos parecen tan atractivas.

Bajo tales premisas, nuestras decisiones parecen correctas y atractivas, aún sí cuando se les ve bien, son inmorales y dañinas. Al final, tales decisiones nos causarán gran sufrimiento y destrucción y desafortunadamente, afectaran adversamente también a otras personas.

Por ejemplo, una mujer puede abortar a un bebé pensando que el niño cambiara negativamente su vida. Los argumentos del mundo le aconsejarán que las leyes del mundo aprueban el aborto. También se le dice que el bebé no es verdaderamente un ser humano. También se le informa que es parte de sus derechos como mujer, dar preferencia a su manera de vivir y a su calidad de vida que a la vida del niño, y que esto, es legal, aceptable y correcto.

Frecuentemente escuchamos decir, "es mi cuerpo, yo puedo hacer con él lo que quiera." Estas son mentiras que muchos han aceptado como verdades. Cuando la verdad se descubre, que en realidad se trata de un ser humano, no un producto, sino un ser humano, quien puede sentir dolor tan tempranamente en la vida como la octava semana de gestación, tal verdad es considerada ofensiva, causa ira y rechazo.[11] Sin embargo el origen de la palabra *fetus* o feto, es latín,[12] y quiere decir, "descendiente, hijo o vástago."

Nuestra forma de vida se convierte en idolatría cuando es nuestro propio placer lo que importa, y nada ni nadie más importa. El mundo dice "vive libre, y haz lo que quieras, sigue tu corazón, o haz lo que tu corazón te dicte." Sin embargo, por evitar pensar en las consecuencias de nuestras acciones, muchos han causado gran daño a otros y gran destrucción. Aún si las leyes del gobierno aprueban el aborto, y aún el aborto tardío o infanticidio, nosotros los cristianos sabemos que se debe respetar la vida humana. Es especialmente una ofensa gravísima herir y matar a una persona que no se puede defender, al más pequeño e inocente de entre nosotros.

Aún cuando va en contra de la opinión popular, es nuestra responsabilidad la protección de aquellos que no pueden alzar su voz y ser escuchados, nosotros debemos mostrar amor y respeto a nuestro prójimo, aún aquellos en el vientre de sus madres. Es amor de prójimo, amor cristiano, proteger a los niños en el vientre de su madre porque sus vidas pertenecen a Dios. Sabemos que el bebé no tiene la culpa, que es al contrario, un gran regalo de Dios, que debe ser honrado de tal manera, en la santidad y paz del vientre materno. No se trata de un producto, sino de un bebé que vive, que también sufre y siente amor, el cual es un reflejo del amor que Dios, nuestro creador, siente por todos sus hijos:

"Tú creaste las delicadas partes internas de mi cuerpo, me entretejiste en el vientre de mi madre. ¡Gracias por hacerme tan maravillosamente complejo! Tu fino trabajo es maravilloso, lo sé muy bien. Tú me observabas mientras iba cobrando forma en secreto, mientras se entretejían mis partes en la oscuridad de la matriz. Me viste antes de que naciera. Cada día de mi vida estaba registrado en tu libro. Cada momento fue diseñado antes de que un solo día pasara," (Salmo 139: 13-16).[13]

Dios quiere ponernos en el sendero de rectitud porque Él no quiere que nosotros suframos, sino que Él quiere que seamos felices y que tengamos una vida de abundantes bendiciones. Si nosotros hacemos las cosas que el Señor nos ha instruido que hagamos de acuerdo a su palabra, si amamos a nuestro prójimo como a nosotros mismos, las consecuencias serán buenas. De esta manera nos evitaremos mucho sufrimiento, pero si aun así sufrimos por hacer lo bueno, el Señor nos recompensará: "¡Es mejor sufrir por hacer el bien, si así lo quiere Dios, que por hacer el mal!"[14]

Si obedecemos a nuestros corazones ignorando la sabiduría de la palabra de Dios, sus mandamientos y sus instrucciones, esto nos puede traer gran sufrimiento: *El corazón humano es lo más engañoso que hay, y extremadamente perverso. ¿Quién realmente sabe qué tan malo es?* (Jeremías 17:9).[15]

La sabiduría de Dios en su palabra, quiere que seamos libres de la esclavitud del pecado, y por lo tanto, libres del sufrimiento que nosotros mismos nos infligimos, el cual es el resultado de nuestras malas acciones y errores. ¿Cómo podemos nosotros seres imperfectos, confiar en nuestro falible corazón humano, si estamos constantemente cambiando nuestra manera de pensar y de ser, como parte de nuestro crecimiento, sin reflexionar lo suficiente por nuestra falta de conocimiento, de los retos y situaciones que enfrentamos día con día?

La ley de Dios, los mandamientos y el corazón de Dios no cambian, aún cuando el mundo está en constante movimiento. Nosotros cometemos errores como parte de nuestra naturaleza humana, y en el pasado cuando éramos ignorantes de la palabra de Dios, cometimos serios errores que nos causaron inmenso sufrimiento y dolor. Sin importar los muchos errores del pasado, Jesús nos perdona si se lo pedimos: "Si confesamos nuestros pecados, él es fiel y justo para perdonar nuestros pecados, y limpiarnos de toda maldad," (1 John 1:9). Jesús nos lava con Su sangre y nos da una nueva vida para empezar de nuevo sin culpa. Dios nos da Su Santo Espíritu para vivir separados del pecado, siguiendo en los pasos de Jesús:

"De modo que si alguno está en Cristo, nueva criatura es; las cosas viejas pasaron; he aquí todas son hechas nuevas," (2 Corintios 5:17).

La única manera en que podemos seguir a Dios, y amarlo es conociéndolo. Así mismo, la mejor motivación para vivir separados del pecado, y no cosechar sufrimiento innecesario es a través de la experiencia viva del amor incondicional de Dios:

"El Señor dice: 'Que no se enorgullezca el sabio de ser sabio, ni el poderoso de su poder, ni el rico de su riqueza. Si alguien se quiere enorgullecer, que se enorgullezca de conocerme, de saber que yo soy el Señor, que actuó en la tierra con amor, justicia y rectitud, pues eso es lo que a mí me agrada. Yo, el Señor, lo afirmo,'" (Jeremías 9:23-24).

Algunas veces pasamos por situaciones difíciles en la vida, aquellas que no son consecuencia de nuestro erróneo proceder, sino que sufrimos las consecuencias de las malas decisiones y pecados de aquellos que nos rodean. También, en el transcurso de nuestras vidas, sufrimos enfermedades, desastres naturales, problemas económicos, cambios políticos y sociales que nos afectan, y vemos a los que amamos pasar por circunstancias difíciles, enfermedades y muerte.

Cuando un cristiano verdaderamente aprendió a amar a Dios y a depender completamente de Dios, aún en las circunstancias difíciles en que se pueda encontrar en la vida, encontrará paz aún en medio de la adversidad, y en su debilidad, dependerá de la fortaleza de Dios; este cristiano confía en Jesús, y porque tiene fe, vivirá con esperanza, sin importar las duras circunstancias, el dolor y el sufrimiento; este cristiano sabe, en verdad está seguro, de que Dios lo ama y que Jesús esta siempre con él. Este cristiano sabe que todas las circunstancias son temporales, pero los planes del Señor prevalecerán. Este cristiano está lleno de bendiciones, paz, gozo y esperanza porque conoce las promesas del Señor y hace aquello que al Señor le agrada; este cristiano sabe que por medio de la oración, su presente está lleno de la presencia de Dios y que tiene un futuro eterno con Dios en su reino celestial:

"Yo sé los planes que tengo para ustedes, planes para su bienestar y no para su mal, a fin de darles un futuro lleno de esperanza. Yo, el Señor, lo afirmo," (Jeremías 29:11).

La palabra de Dios nos ayuda a conocer a Dios y a su Hijo Jesús Cristo. Cuando estamos a solas leyendo acerca de Sus hermosos planes para nosotros, acerca de la vida de Jesús llena de amor al prójimo, servicio y sacrificio por amor a nosotros, aprendemos a amarlo, y apreciamos cada vez más su amor insondable, tierno, infinito e incondicional.

Si verdaderamente queremos seguir a Dios y conocer Su amor por nosotros, debemos tomar una decisión que afectará el resto de nuestras vidas, podemos decidir seguirlo o rechazarlo: "El que no es conmigo, contra mí es; y el que conmigo no recoge, desparrama," (Mateo 12:30).

En el libro de los Salmos, el primer salmo introduce al lector en el conocimiento de los dos caminos y como todo ser humano debe escoger uno de estos dos caminos: aceptar el amor y la amistad de Dios, o rechazarlo, y el resultado y las consecuencias de nuestra decisión.

Los primeros tres versículos del este hermoso salmo explican quien es el amigo de Dios y por lo tanto, es el recipiente de las bendiciones de Dios, de gozo inefable, y prosperidad. Los otros tres versículos explican quien es el enemigo de Dios y cuál es su destino:

"Bienaventurado el varón que no anduvo en consejo de malos, Ni estuvo en camino de pecadores, Ni en silla de escarnecedores se ha sentado; Sino que en la ley de Jehová está su delicia, Y en su ley medita de día y de noche. Será como árbol plantado junto a corrientes de aguas, Que da su fruto en su tiempo, Y su hoja no cae; Y todo lo que hace, prosperará."

"No así los malos, Que son como el tamo que arrebata el viento.
Por tanto, no se levantarán los malos en el juicio, Ni los pecadores en la congregación de los justos. Porque Jehová conoce el camino de los justos; Mas la senda de los malos perecerá," (Salmo 1).

De la misma manera, Jesús nos enseño los dos caminos: "Entren por la puerta angosta. Porque la puerta y el camino que llevan a la perdición son anchos y espaciosos, y muchos entran por ellos," (Mateo 7:13). La puerta angosta, la puerta de la vida,[16] es la puerta de aquellos que escogen hacer la voluntad de Dios y que le han dado su vida a Jesús. Ellos han crucificado la carne, viviendo separados del pecado, caminando en compañía del Espíritu de Dios. Jesús dijo, "En cambio, la puerta que lleva a la verdadera vida es muy angosta, el camino muy duro y sólo unos pocos lo encuentran," (Mateo 7:14).

Necesitamos empaparnos de la Palabra de Dios, para conocer su voluntad para nuestras vidas, para encontrar los tesoros y las bendiciones de Su Reino. Aprendemos de la Palabra de Dios, Su preciosa sabiduría, aprendiendo a discernir entre la verdad, el camino que lleva a la verdadera vida, y el camino falso que nos lleva a la destrucción. La Palabra de Dios nos permite encontrar en nosotros mismos y en el mundo aquello que es falso, o engañoso.

Entretenidos en nuestras ocupaciones diarias, reflexionamos muy poco en nuestros comportamientos y actitudes erróneas, en nuestras falsas creencias y conceptos equivocados que nos hieren y causan sufrimiento y que afectan a aquellos que viven cerca de nosotros o bien los ignoramos a propósito. La palabra de Dios nos enseña la verdad para que podamos rectificar nuestras vidas, para conocernos mejor, y nos ayuda a través de su Santo Espíritu a ser más como es Jesús.

La palabra de Dios debe caer constantemente en el corazón, así como las aguas vivas corren sobre las rocas y hacen que las asperezas y los partes agudas de las rocas se suavicen. Las aguas vivas le dan forma a las rocas, las pulen, hasta que la roca no tiene más asperezas ni sitios puntiagudos que hieren y lastiman cuando se les toca. Las Aguas vivas de nuestro Señor Jesús corren por el alma, la frotan con Su amor, y hacen que el corazón del ser humano ya no sea más de piedra, sino que le da un corazón de carne, suave, amoroso en la superficie, refinado y poroso en el interior al influjo de Sus aguas vivas.

Ríos de aguas vivas,[17] penetran aun en los más pequeños y cerrados espacios del corazón, y la Palabra de Dios se convierte en la guía y en el verdadero sustento de nuestras vidas. El amor de Jesús nos lava de toda impureza y a través de su sacrificio y nos hace dignos de heredar el Reino de Dios.

Jesús hace que el corazón que le ama sea más hermoso y precioso que los magníficos zafiros y esmeraldas de su Reino, más puro y claro que *el mar de cristal resplandeciente*[18] en frente del Trono de Dios:

"Pondré en ustedes un corazón nuevo y un espíritu nuevo. Quitaré de ustedes ese corazón duro como la piedra y les pondré un corazón dócil," (Ezequiel 36:26).

¡Ven a las aguas vivas del amor de Jesús! Deja que Él le dé forma a tu corazón. Deja que Él pula tu corazón *y se deleite en ti con alegría,* [19] mientras que tu corazón yace en Sus amorosas manos. Ríndete a su tierno, suave y dulce amor, hasta que completamente seas inundado en Su amor, pareciéndote cada vez más a Jesús, quien es verdadero amor de un corazón lleno de compasión y de ternura. Todo palidece, nada tiene valor, cuando se compara con el conocimiento de Dios, que es el más grande tesoro que podamos poseer. Este es un tesoro tan grande y tan rico que no nos bastaría una vida para extraer cada joya, cada hermosa perla de sabiduría divina. La herramienta que nos da la Palabra de Dios para excavar tan magnífico tesoro es la meditación. La palabra "meditación,"[20] en la Biblia quiere decir ponderar, estudiar y murmurar o repetir constantemente Su Palabra, es reflexionar a conciencia en la Palabra de Dios, y en nuestro comportamiento a la luz de Su Palabra. La meditación nos capacita para guardar sus preceptos, sus instrucciones y sus mandamientos no solo en la mente pero en lo más profundo del corazón. Cuando la meditación es efectiva, la sabiduría de Dios penetra el corazón, y se hace uno con Dios, creando cambios positivos en la vida del creyente. Dios nos da la fuerza con su gracia, su amor y su compasión, de desear ardientemente amar a nuestro prójimo con todo nuestro corazón.

Cuando meditamos en la vida de Jesús en medio de nuestro desierto, sedientos de Él, Jesús es quien nos provee de aguas vivas y entonces, dejamos de estar sedientos, y nos regocijamos en nuestra salvación.[21] Medita en el tierno amor de Jesús por ti, en Su Honestidad, en Su gran compasión por aquellos que están enfermos del cuerpo y del alma, y encontrarás la fuente de amor que necesitas para darte descanso y paz en situaciones difíciles, amando a tu prójimo como a ti mismo. Medita en como Jesús defendió a aquellos que no podían defenderse, en su sacrificio de amor, dando su vida por nosotros en la cruz, y encontrarás Su fuerza en tu debilidad y Su gozosa esperanza para seguir adelante a pesar de los sufrimientos de esta vida. Medita en el amor incondicional de Jesús y con lágrimas de alegría, en su absoluto perdón de tus pecados y en su misericordia y así serás capaz de perdonarte a ti mismo, y ya libre de culpa, encontrarás la gracia de Dios en la remembranza de sus sufrimientos para vivir una vida separada del pecado.

En el silencio de tu dormitorio, medita en el Jesús glorioso, en su majestuosa resurrección y entonces te acordaras, que toda tu mente debe de estar enfocada en Él y en su Reino Celestial, esperando por el pronto retorno de nuestro Señor Jesús. Saborea con anticipación y con verdadero gusto, el día glorioso en que estarás con él, rodeado de su amor, descansando en sus brazos.

Querido lector, la meta no debe de ser el leer la Biblia en un año, sino que nuestra meta debe de ser la constante meditación de la Palabra de Dios, meditando en la vida de Jesús en los evangelios, bebiendo de la palabra en pequeños sorbos, por tantos años como tengamos de vida, para dejar que el Espíritu Santo nos transforme a la semejanza de Jesús.

Con la inspiración del Espíritu Santo en nosotros, a través de la oración, la meditación de la Palabra de Dios y la práctica del amor al prójimo, nuestra fe, que es el regalo de Dios, aumenta con la gracia divina. El Espíritu Santo morando en nosotros nos hace más conscientes de la presencia de Dios y de su autoridad en nuestras vidas; también nuestra confianza en Dios crece y nuestra relación con Él se hace más estrecha.

El amor de Jesús nos inspira a hacer cambios radicales en nuestras vidas para vivir separados del pecado, y vestirnos con la santidad de Jesús, en amistad con Dios. ¡Hemos nacido de nuevo! Somos verdaderamente una nueva creación en Cristo: "Ya que han oído sobre Jesús y han conocido la verdad que procede de él, deshágance de su vieja naturaleza peçaminosa y de su antigua manera de vivir, que está corrompida por la sensualidad y el engaño. En cambio, dejen que el Espíritu les renueve los pensamientos y las actitudes. Pónganse la nueva naturaleza, creada para ser a la semejanza de Dios, quien es verdaderamente justo y santo," (Efesios 4:21-24).

El amor de Dios es la bendición más grande que puedas tener. Si tienes en tu corazón el amor de Dios, no te compararás a ninguna otra persona, porque su infinito amor por ti es todo lo que necesitas y todo lo que se puede querer en la vida. Si tienes el maravilloso amor de Jesús en lo profundo de tu corazón, te amarás a ti mismo, y serás paciente con tus errores en vez de rebajarte. Jesús te amó primero, así como eres, y más de lo que tú te amarás a ti mismo: *Nosotros le amamos a él, porque él nos amó primero*, (1 Juan 4:19).

Dios tiene una paciencia colosal con cada uno de nosotros, simplemente porque Él nos ama y quiere que seamos felices: *El Señor es tierno y compasivo, es paciente y todo amor*, (Salmo 145:8).[22] Jesús es nuestra verdadera felicidad: "También ustedes podrán ir a beber con alegría en esa fuente de salvación," (Isaías 12:3).[23] La verdadera felicidad es conocer a Dios, amarlo y obedecer su palabra; la felicidad de amar a Dios es en verdad, *el Reino de Dios entre nosotros*, (Lucas 17:21); *Pues el reino de Dios no se trata de lo que comemos o bebemos, sino de llevar una vida de bondad, paz y alegría en el Espíritu Santo*, (Romanos 14:17).

Jesús es la santa faz de Dios, si lo amamos por medio de su palabra también conocemos a Dios Padre: [si] *ustedes me conocen a mí, también conocerán a mi Padre; y ya lo conocen desde ahora, pues lo han estado viendo,* (Juan 14:7).[24] Amar y obedecer la palabra de Dios es verdaderamente, el más grande propósito de nuestras vidas; conocer a Jesús y que Él nos conozca como hijos es en verdad, una gran bendición.

CAPÍTULO 3

EL AMOR DE DIOS EN MEDIO DE LAS DIFICULTADES

"Hermanos míos, tened por sumo gozo cuando os halléis en diversas pruebas, sabiendo que la prueba de vuestra fe produce paciencia. Mas tenga la paciencia su obra completa, para que seáis perfectos y cabales, sin que os falte cosa alguna."

—Santiago 1:2-4—

Nosotros venimos a Dios como bebés espirituales que vienen al Padre en busca de leche espiritual, y quienes necesitan de gran paciencia y ternura. Dios, nuestro Padre amoroso, cuida de nosotros, y nos nutre con su palabra, y aunque a veces en nuestro caminar nos tropezamos, y muchas otras veces nos resbalamos y caemos, Dios nos toma de las manos, nos levanta y nos ayuda a caminar de nuevo.

Al ir madurando en los caminos de Dios, nunca estamos lejos de sus amorosos brazos y de su presencia. Dios tiernamente cuida de nosotros y como Padre amoroso nos disciplina, para que lleguemos a ser futuros herederos de su reino.

Las tribulaciones de esta vida, fortalecen nuestra fe y nuestra relación con Dios, y nos ayudan a crecer espiritualmente para alcanzar nuestro destino final, el de ser ciudadanos del reino de Dios,[25] viviendo en unión eternamente con Dios Padre y su amado Hijo Jesús Cristo, nuestro salvador. La adversidad, el sufrimiento, y aún las calamidades, son solamente las pruebas temporales de la vida que necesitamos vencer. Las vencemos con el poder de Dios y a través de la oración, pidiéndole a Dios su fuerza en nuestra debilidad, acercándonos más a Él. En cada una de nuestras dificultades y en nuestros sufrimientos, hemos tomado un paso glorioso, que nos acerca cada vez más a la mansión que Jesús tiene preparada para nosotros en Su Reino celestial.[26]

En su segunda carta a los Corintios, el Apóstol Pablo escribió acerca de sus sufrimientos, sus múltiples estadías en prisión, y su flagelación. Pablo también nos habla de las tres veces que fue apedreado, golpeado con palos, perseguido, sufriendo frio, hambre y sed. El barco en que iba Pablo naufragó y estuvo en peligro muchas veces de morir.

En la mente de Pablo pesaba la responsabilidad de mantener a las nuevas comunidades cristianas fieles a las enseñanzas de Jesucristo en medio de numerosas y duras persecuciones. [27] Por si todo esto fuera poco, además de todos sus sufrimientos, Pablo tenía una enfermedad física que lo atormentaba. Tres veces le había pedido Pablo a nuestro Señor Jesús que le quitará aquel inmenso sufrimiento al que Pablo se refería como a "una espina clavada en el cuerpo."[28] ¿Acaso todo esto que le acontecía a Pablo, y que evidentemente, Dios había permitido quería decir que Dios no amaba a Pablo? ¡No! ¡Por lo contrario! Pablo había recibido de Dios una gran bendición. Dios le había favorecido grandemente y apartado para el servicio del Señor.

Jesús salvó a Pablo de la eterna condenación de su alma, ya que Pablo había celosamente perseguido a los seguidores de Cristo, haciéndolos prisioneros para que recibiesen castigo de muerte.[29] El apóstol Pablo, conocido antes de su ministerio cristiano como Saulo de Tarso, estudió para ser fariseo, bajo la tutela de Gamaliel, un famoso doctor de la Ley.[30] Saulo de Tarso, fue "concienzudamente entrenado en la ley de sus ancestros." [31] Y sin embargo, Saulo perseguía sin tregua a los cristianos. Saulo era "celoso de Dios," [32] considerando a los cristianos como apóstatas, infieles y blasfemos.

Jesús había profetizado y advertido a sus discípulos de la persecución que tendría la naciente Iglesia:

"Los expulsarán de las sinagogas, y aun llegará el momento en que cualquiera que los mate creerá que así presta un servicio a Dios. Esto lo harán porque no nos han conocido, ni al Padre ni a mí," (Juan 16:2-3).[33]

Saulo, un fariseo, altamente entrenado y educado, y sin embargo, se le olvidó el mandamiento del Señor: "No mataras;" "No te vengarás, ni guardarás rencor a los hijos de tu pueblo, sino amarás a tu prójimo como a ti mismo. Yo Jehová," (Éxodo 20:13; Levítico 19:18). Saulo no sabía que era amor verdadero ni compasión, porque en verdad, él no conocía a Dios. Por lo tanto, Saulo no era capaz de amar a su prójimo como a sí mismo: *El que no ama no ha conocido a Dios, porque Dios es amor*, (1 Juan 4:8). Saulo conocía su religión, un conjunto de tradiciones, ritos, y aún vestimentas para adorar a Dios, pero Saulo no tenía una relación personal e intima con Dios, cuyo fruto es el amor al prójimo.

Saulo, en su fervor religioso, en su celo por Dios, pensaba que en verdad amaba a Dios, y que solamente, estaba defiendo su religión. Sin embargo, Saulo estaba lleno de fanatismo religioso y odio por aquellos quienes adoraban a Dios de forma diferente. La ideología errónea e irracional de Saulo, lo llevó a amenazar, poner en prisión y a asesinar a judíos y gentiles, incluyendo mujeres y niños, por el simple hecho, de no seguir sus creencias religiosas. Para Saulo, su religión y la defensa de la misma por medio del asesinato, era una manera de ganarse el amor de Dios, de saberse merecedor de su amor, y aún de ganar su propia salvación.

Saulo ardía de deseo de asesinar para justificar su pureza de religión. Su alma se alimentaba de odio, y de su obsesión de matar. Por esto no podía caber en su corazón el amor de Dios. El trasfondo de la ideología religiosa de Saulo era simplemente vanidad, orgullo, ceguera espiritual, odio acendrado, ignorancia de Dios y locura. Saulo adoraba a Dios con un corazón de piedra y aunque tenía ojos para ver, Saulo estaba verdaderamente ciego espiritualmente. [34]

Tristemente en el mundo de hoy, hay muchos Saulos, que creen que matar los acerca a Dios, que creen que Dios les abrirá las puertas del cielo, por matar a sus hijos, aquellos en los cuales vive Dios eternamente y por los cuales sufre, al verlos padecer tan encarnizada persecución. Jesús cambió la vida de Saulo de

Tarso drásticamente, cuando experimentó el amor incondicional de Jesús.

Nuestro Señor Jesús tocó a Saulo con Su gracia, acercándose a él y salvándolo. Saulo se convirtió en una nueva persona en Cristo Jesús, y ahora para siempre, él será conocido como el apóstol Pablo. Lo que cambió a Pablo fue el amor incondicional de Jesús y una vez infundido del amor divino, Pablo se dio cuenta de su ceguera espiritual.

Más tarde, casi al final de su vida, Pablo escribió a Timoteo sobre su gratitud a Dios y explica porque Dios se compadeció de él: "Doy gracias a aquel que me ha dado fuerzas, a Cristo Jesús nuestro Señor, porque me ha considerado fiel y me ha puesto a su servicio, a pesar de que yo antes decía cosas ofensivas contra él, lo perseguía y lo insultaba. Pero Dios tuvo misericordia de mí, porque yo todavía no era creyente y no sabía lo que hacía.," (1 Timoteo 1:13).[35]

Jesús amó a Saulo, aún cuando Saulo tenía la obsesión febril de matar cristianos y su corazón estaba dominado por el odio. La luz del Señor Jesús lo rodeó cuando iba camino a Damasco a perseguir más cristianos. Saulo *cayendo en tierra, oyó una voz que le decía: Saulo, Saulo, ¿por qué me persigues? El dijo: ¿Quién eres, Señor? Y le dijo: Yo soy Jesús, a quien tú persigues; dura cosa te es dar coces contra el aguijón*, (Hechos 9:4-5).

Saulo no tenía idea, ni siquiera se había detenido a pensar, que persiguiendo a los cristianos, el estaba persiguiendo al mismo Hijo de Dios. Cuando nosotros pecamos en contra de otro ser humano, nosotros estamos pecando en contra de Dios:

"Y respondiendo el Rey, les dirá: De cierto os digo que en cuanto lo hicisteis a uno de estos mis hermanos más pequeños, a mí lo hicisteis," (Mateo 25:40).

La luz de Dios cegó los ojos físicos de Saulo, pero ahora él podía ver con sus ojos espirituales. Saulo ayunó y oró con un corazón anhelante y con total humildad, y el Señor lo sanó. Ananías puso sobre él sus manos y las escamas de los ojos de Saulo cayeron, y el recibió el Espíritu Santo. [36] Inmediatamente, Saulo fue bautizado, nació de nuevo, como Pablo, con derecho a llamarse apóstol de Jesús. Entonces Pablo comió y empezó a predicar el evangelio, (Hechos 9: 17-19). Por sus epístolas y los Hechos de los Apóstoles, nosotros podemos concluir, que Pablo quien otrora persiguiera la Iglesia con increíble celo, cambió radicalmente cuando dio su vida a Jesucristo, e hizo uso de la misma gran pasión para abrazar a la Iglesia, a aquellas nacientes comunidades cristianas a quienes amó y predicó el evangelio.

El apóstol Pablo predicó el evangelio aún en la prisión, a sabiendas que le costaría la vida. Al final, el fiel apóstol Pablo murió por decapitación a manos del imperio romano.[37] Pablo estaba preparado a morir por la Iglesia imitando el amoroso sacrificio de Jesús; Pablo estaba preparado a dar su sangre en el martirio, por la amada esposa de Cristo, por los hijos de Dios quienes son las piedras vivientes con las que Dios construye su templo espiritual.[38] Pablo escribió a los Filipenses: "Me alegraré aún si tengo que perder la vida derramándola como ofrenda líquida a Dios, así como el fiel servicio de ustedes también es una ofrenda a Dios. Y quiero que todos ustedes participen de esta alegría. [18] Claro que sí, deberían alegrarse, y yo me gozaré con ustedes," (Filipenses 2:17-18).[39]

Pablo, el hombre quien persiguió con increíble odio a la Iglesia, ahora vivía en Cristo, y era *una nueva creación*, [40] un nuevo hombre preparado y voluntariamente dando su vida por Jesús y Su Iglesia. En la víspera de su muerte, Pablo escribió: *Yo ya estoy para ser ofrecido en sacrificio; ya se acerca la hora de mi muerte,* (2 Timoteo 4:6).[41] Pablo recibió de Jesucristo muchas visiones; Pablo vio el paraíso y recibió muchas revelaciones. Sin embargo, tales bendiciones no vinieron solas, sino acompañadas de gran sacrificio y muchas aflicciones. Así vemos que Jesús no removió la espina en la carne de Pablo que lo atormentaba tanto, y Pablo entendía la razón y la aceptaba: "Y para que la grandeza de las revelaciones no me exaltase desmedidamente, me fue dado un aguijón en mi carne, un mensajero de Satanás que me abofetee, para que no me enaltezca sobremanera; respecto a lo cual tres veces he rogado al Señor, que lo quite de mí. Y me ha dicho: Bástate mi gracia; porque mi poder se perfecciona en la debilidad. Por tanto, de buena gana me gloriaré más bien en mis debilidades, para que repose sobre mí el poder de Cristo," (2 Corintios 12: 7-9).

El orgullo es el más grande enemigo de nuestra amistad con Dios. Cuando hay contienda, venganza, pleitos, falta de perdón, resentimiento, y avaricia, sabemos que hay orgullo. La palabra de Dios nos aconseja vivir en paz con todos, [42] perdonar, amar en vez de odiar, [43] y dejar pasar la ofensa. [44] Jesús dice: *Llevad mi yugo sobre vosotros, y aprended de mí, que soy manso y humilde de corazón; y hallaréis descanso para vuestras almas,* (Mateo 11:29); *Y*

33

cuando estéis orando, perdonad, si tenéis algo contra alguno, para que también vuestro Padre que está en los cielos os perdone a vosotros vuestras ofensas, (Marcos 11:25).

Pablo aprendió de Jesús obediencia y humildad. Entregarse completamente a la voluntad de Dios, requiere gran humildad y obediencia. Si en su vida pasada, el apóstol Pablo sentía orgullo de su educación, de sus logros, y aún de asesinar cristianos, en su nueva vida en Jesucristo, Pablo solo podía gloriarse del Cristo crucificado quien lo salvó, quien por medio de su maravillosa gracia tocó su vida y lo cambió para siempre. Pablo se glorió y se regocijó de sus debilidades porque ellas permitían que el poder de Dios descansase en él.

Pablo escribió en referencia a su nueva vida en Cristo: "Pero lejos esté de mí gloriarme, sino en la cruz de nuestro Señor Jesucristo, por quien el mundo me es crucificado a mí, y yo al mundo," (Gálatas 6:14). Dios rehusó quitar "la espina en la carne" de Pablo, porque ella le permitía mantenerse humilde: *Bástate mi gracia; porque mi poder se perfecciona en la debilidad.* [45] Pablo le contesto al Señor:

"Por tanto, de buena gana me gloriaré más bien en mis debilidades, para que repose sobre mí el poder de Cristo. Por lo cual, por amor a Cristo me gozo en las debilidades, en afrentas, en necesidades, en persecuciones, en angustias; porque cuando soy débil, entonces soy fuerte," (2 Corintios 12:9b-10).

Dios no nos da lo que queremos, sino que nos da lo que realmente necesitamos, porque Él es un amoroso Padre que cuida del bienestar de sus hijos y de sus necesidades. Pablo necesitaba un recordatorio en la carne que lo mantuviera humilde y rendido a la voluntad de Dios. El orgullo habría destruido el ministerio de Pablo. Pablo entendía el llamado del Señor como un privilegio inmerecido, aunque también era una fuente de gran sufrimiento. Jesús había dicho a Ananías: "Yo le mostraré lo mucho que tiene que sufrir por mi causa," (Hechos 9:16).[46] Sin embargo, Pablo abrazó el sufrimiento porque se aferró al amor de Jesús, y permaneció jubiloso, en paz, optimista, dichoso, en medio del sufrimiento, las aflicciones físicas, y aún al enfrentarse a la muerte. Pablo había sentido el amor de Dios y aprendió a amar a Dios en cualquier situación en la vida. El apóstol Pablo amó a Cristo Jesús aún más que el amor que sentía por sí mismo, y con la ayuda de Su amor divino y de Su gracia predicó al mundo el evangelio con gran humildad y amor por los nuevos seguidores de Jesús.

Pablo recibió el amor incondicional de Dios, y fue este amor lo que le dio la fuerza espiritual y la sabiduría que necesitaba para predicar el evangelio aún en las situaciones más adversas. Pablo estaba muy consciente de que su salvación no se debía a sus méritos o a sus trabajos, sino que era esta, el regalo de Dios; sabía que él obtuvo su salvación por la gracia de Dios y por los méritos de Jesús en la cruz, cuando Jesucristo dio su vida por él, y por esto Pablo, estaba inmensamente agradecido.[47]

Pablo se sintió tan lleno del amor de Dios, que se convirtió con la ayuda de la gracia de Dios, en la semejanza de Jesús, para compartir el poderoso amor de Dios y Su compasión. En verdad, Pablo imitó a Jesús, aún en su amoroso sacrificio, "derramando como libación" su vida, como una ofrenda para Dios y sus hermanos cristianos y regocijándose en ella.[48] El orgullo, la arrogancia de su refinada educación, el odio, y su cuerpo fueron crucificados sobre la Cruz de Jesús, purificado y refinado como el oro en el fuego del Santo Espíritu, con el único propósito de que su amado Jesús pudiese vivir en él y hacerse uno con él en su amoroso sacrificio:

"Con Cristo estoy juntamente crucificado, y ya no vivo yo, mas vive Cristo en mí; y lo que ahora vivo en la carne, lo vivo en la fe del Hijo de Dios, el cual me amó y se entregó a sí mismo por mí," (Gálatas 2:20).

Pablo aprendió a amar a Dios y a su prójimo porque el sacrificio del Hijo de Dios en la cruz, era parte de su vida; el apóstol Pablo aprendió que Dios ama a todos sus hijos y los encuentra merecedores de Su amor incondicional y aún del mayor y mas amoroso sacrificio, la muerte de su Hijo Jesús en la cruz. Pablo aprendió que Jesús quiere redimir a la humanidad salvándolos de eterna condenación. Jesús abrió las puertas del cielo para que Sus hijos vivan con El eternamente. ¿Si Dios ama a cada uno de nosotros así, porque al ser humano le es tan difícil amarse a sí mismo y a su prójimo, tal y como es?

Pablo escribió que Dios es nuestro creador, que somos *la obra maestra de Dios. Él nos creó de nuevo en Cristo Jesús, a fin de que hagamos las cosas buenas que preparó para nosotros tiempo atrás,* (Efesios 2:10). Pablo estaba muy consciente de cuán grande es el amor de Dios para cada uno de sus hijos. Date cuenta querido lector, cuanto te aman Dios Padre y su hijo Jesús; y si en verdad te das cuenta de ello, las cosas materiales, perderán su brillo; la avaricia, la vanidad y la lujuria, serán para ti lo que realmente son, engaños, espejismos, que te hacen quitar tu atención de la realidad que en verdad importa, el inmenso amor que Dios siente por ti y que Él te quiere dar.

Cuando verdaderamente nos damos cuenta del amor de Dios por nosotros, con la ayuda de Su Santo Espíritu, el separarnos del pecado no es un obstáculo, sino una respuesta radical al amor sin medida que Dios tiene para nosotros. Dios rompió las cadenas que nos mantenían esclavizados a la vida de pecado; y en verdad, que cuando nos sabemos amados por Dios, nos sentimos realmente libres, verdaderamente agradecidos de nuestra libertad, con una felicidad exuberante, que trasciende, porque viene de un corazón agradecido. Los cristianos que con la ayuda de Dios, han cambiado su vida radicalmente para dejar que Dios viva en ellos con plenitud, disfrutan del amor de Dios, de una manera tan real, tan autentica y presente, que oran constantemente a Dios y le piden que mantenga el pecado lejos de ellos, para no perder su amistad con Él.

Si en verdad estamos conscientes de la presencia de Dios, y meditamos en la vida de Jesús, lo que Él hizo por nosotros en la cruz, y de su amor por nosotros, el Señor actuará con su gran poder para transformar nuestras vidas. Esto solo puede lograrse con la ayuda del Santo Espíritu de Dios viviendo en nosotros. Si dedicamos tiempo a nuestros seres queridos averiguando lo que les pasa y todo lo que les concierne, con mayor razón nosotros necesitamos dedicar tiempo a Dios Padre por medio de su Hijo Jesucristo para conocerle mejor, estudiando y reflexionando en Su Palabra.

Necesitamos de la oración constantemente, y buscar al Señor temprano en la mañana, en la tarde y en la noche en la intimidad de nuestra habitación para conversar con Dios. Hablamos con Dios, como se le habla a un ser amado en quien verdaderamente confiamos. Como en cualquier conversación, necesitamos tener periodos de silencio en los que escuchamos lo que el Señor nos quiere decir a través de su Palabra, por medio de Su Santo Espíritu, confiando en que Jesús nos escucha siempre: "Cercano está Jehová a todos los que le invocan, a todos los que le invocan de veras," (Salmo 145:18).

Cuando realmente experimentamos y estamos conscientes del amor de Dios como le ocurrió a Pablo, el mundo puede negar la existencia del Padre y de Su Hijo Jesús, pero nosotros sabemos por experiencia que Jesús está con nosotros y es real. Dios es la fuente de nuestra alegría y paz, aún si hay sufrimiento en nuestras vidas; y es que el amor de Dios por nosotros, por medio de su Hijo Jesús, no es una emoción, o un sentimiento, sino que sabemos por experiencia que Jesús está con nosotros todos los días de nuestra vida. Sin importar las circunstancias, Jesucristo esta siempre disponible para escucharnos a cualquier hora: *me buscaréis y me hallaréis, porque me buscaréis de todo vuestro corazón,* (Jeremías 29:13). En tiempos de sufrimiento, podemos sentir la paz de Dios y su consuelo. Sabemos que no estamos solos en nuestros sufrimientos porque Jesús esta siempre con nosotros, y no nos deja solos. EL apóstol Pablo escribió en su segunda carta a los Corintios, acerca de la constante presencia de Dios, de su compasión y su consuelo en tiempos de sufrimiento:

"Bendito sea el Dios y Padre de nuestro Señor Jesucristo, Padre de misericordias y Dios de toda consolación, el cual nos consuela en todas nuestras tribulaciones, para que podamos también nosotros consolar a los que están en cualquier tribulación, por medio de la consolación con que nosotros somos consolados por Dios," (2 Corintios 1:3-4).

Solo por medio de su encarnación, Jesús el Hijo de Dios, pudo compartir con nosotros sus amadísimos hijos, nuestro diario vivir, nuestros sufrimientos y alegrías, y nuestra pobreza espiritual y material:

"Aunque era Dios, no consideró que el ser igual a Dios fuera algo a lo cual aferrarse. En cambio, renunció a sus privilegios divinos; adoptó la humilde posición de un esclavo y nació como un ser humano. Cuando apareció en forma de hombre, se humilló a sí mismo en obediencia a Dios y murió en una cruz como morían los criminales. Por lo tanto, Dios lo elevó al lugar de máximo honor y le dio el nombre que está por encima de todos los demás nombres para que, ante el nombre de Jesús, se doble toda rodilla en el cielo y en la tierra y debajo de la tierra, y toda lengua declare que Jesucristo es el Señor para la gloria de Dios Padre," (Filipenses 2:6-11).[49]

El apóstol Pablo sintió el amor incondicional de Dios, como una certeza, como una convicción, que lo llevó a través de toda circunstancia. Al apóstol Pablo no le inmutaban las situaciones de peligro ni los cambios en sus finanzas, bienes materiales o sustento, y aún el no tener nada, porque él había aprendido a depender del amor de Dios y de su providencia. Pablo dijo que nunca se había sentido necesitado, porque Dios era todo lo que él necesitaba. La fuerza de Dios lo ayudó y lo sostuvo en todo:

"No que haya pasado necesidad alguna vez, porque he aprendido a estar contento con lo que tengo. Sé vivir con casi nada o con todo lo necesario. He aprendido el secreto de vivir en cualquier situación, sea con el estómago lleno o vacío, con mucho o con poco. Pues todo lo puedo hacer por medio de Cristo, quien me da las fuerzas," (Filipenses 4:11-13).

Dios le da dirección a nuestras vidas. Él nos enseña el verdadero camino; Jesús dijo: "Yo soy el camino, y la verdad, y la vida; nadie viene al Padre, sino por mí," (Juan 14:6). Nuestro compañero es Jesús en esta aventura, porque nuestra meta es la vida eterna con Él. Su palabra es la antigua sabiduría de Dios, que ha sido puesta a prueba tantas veces por la humanidad. La Biblia nos enseña que los que practican la palabra de Dios, amando a Dios y al prójimo como a sí mismos, obtienen la aprobación de Dios y sus muchas bendiciones. La palabra de Dios recibe la inspiración del Espíritu Santo [50] para enseñarnos a vivir bien con Dios, con nosotros mismos y con nuestros semejantes.

Cuando se le preguntó a Jesucristo que mandamiento en la ley de Dios era el más grande, Jesús respondió:

"Amarás al Señor tu Dios con todo tu corazón, y con toda tu alma, y con toda tu mente. Este es el primero y grande mandamiento. Y el segundo es semejante: Amarás a tu prójimo como a ti mismo. De estos dos mandamientos depende toda la ley y los profetas.," (Mateo 22:37-40).

Si amamos a Dios con todo nuestro corazón y a nuestro prójimo como a nosotros mismos, tenemos paz. Solo Jesús es capaz de enseñarnos acerca del reino de Dios porque su reino es *vivir en justicia, paz y alegría por medio del Espíritu Santo.*[51] ¡Este es, ciertamente, el secreto de la felicidad!

Cuando nosotros no hacemos nada que cause daño o sufrimiento a nuestro prójimo, nosotros tampoco sufrimos, o al menos detenemos cualquier hostilidad que nos pueda causar sufrimiento a nosotros mismos o a los que nos rodean. Como resultado del amor de Dios en nosotros, nuestras acciones están llenas de amor, de paz, son amables y muestran gran compasión.

CAPÍTULO 4

EL FIEL AMOR DE DIOS

"Pero tú, Señor, eres Dios tierno y compasivo,
paciente, todo amor y verdad."
—Salmo 86:15—

La palabra de Dios es un ancla a la verdad. ¡Dios es fiel, no cambia! Su palabra es siempre la misma: "Dios no es como los mortales: no miente ni cambia de opinión. Cuando él dice una cosa, la realiza. Cuando hace una promesa, la cumple," (Números 23:19).[52]

Las sociedades en las cuales vivimos, (refiriéndonos a el *mundo* o el mundo caído del que nos habla la Biblia),[53] están en constante movimiento y cambio; siempre van en diferentes direcciones, con muy diversas ideologías y filosofías, de acuerdo a múltiples políticas, a modas, a culturas y tradiciones, que pueden confundir a las personas, hacerlas errar y perderse.

La única solución a este grave problema es el poderoso conocimiento de Dios y de su palabra, para discernir la verdad, de aquello que es falso, y para aprender a vivir con la dignidad y honestidad de los hijos de Dios. El apóstol Pablo en su carta a los Colosenses nos advierte:

"Por lo tanto, de la manera que recibieron a Cristo Jesús como Señor, ahora deben seguir sus pasos. Arráiguense profundamente en él y edifiquen toda la vida sobre él. Entonces la fe de ustedes se fortalecerá en la verdad que se les enseñó, y rebosarán de gratitud. No permitan que nadie los atrape con filosofías huecas y disparates elocuentes, que nacen del pensamiento humano y de los poderes espirituales de este mundo y no de Cristo. Pues en Cristo habita toda la plenitud de Dios en un cuerpo humano. De modo que ustedes también están completos mediante la unión con Cristo, quien es la cabeza de todo gobernante y toda autoridad," (Colosenses 2:6-10).[54]

Una vez que estamos anclados en el conocimiento de Dios, y gozamos de una relación con Dios Padre a través de su Hijo Jesucristo, no deseamos pecar o regresar a la vida de pecado, como lo quiere la carne; no queremos regresar a la vida que teníamos antes de recibir la gracia del Señor Jesús que nos llamó a una vida nueva con Dios. El apóstol Juan dijo que pecado es *infracción de la ley*, (1 John 3:4); el pecado es la transgresión, o violación de la ley de Dios.[55]

Cuando nosotros violamos los mandamientos de Dios, nos convertimos en hijos desobedientes,[56] haciendo lo contrario al amor y a la voluntad de Dios para nosotros. El pecado es error, es una falta o falla voluntaria, una equivación que no nos deja desarrollar nuestro potencial como seres humanos y que nos puede separar eternamente de Dios.

El pecado ofende la santidad de Dios y el amor al prójimo; es desobediencia y rebelión que nos separa de Dios, a menos de que nos arrepintamos sinceramente y vivamos una vida de santidad con la ayuda de su gracia. El pecado es perder la meta[57] del llamado de Dios para vivir una vida santa, la cual es el óptimo estado del alma para vivir una vida abundante.

El amor de Dios no cambia, y es por su fidelidad, que Jesús siempre estará con nosotros. Sin embargo, no debemos posponer el tomar la decisión de seguir o no a Jesús. Si queremos vivir bien con Dios hay que obedecerle y si no queremos vivir con Dios sino obedecer al mundo, perderemos nuestra vida eterna con Él: *¿No se dan cuenta de que uno se convierte en esclavo de todo lo que decide obedecer? Uno puede ser esclavo del pecado, lo cual lleva a la muerte, o puede decidir obedecer a Dios, lo cual lleva a una vida recta,* (Romanos 6:16).

Dios nos ha dado su Santo Espíritu, para ayudarnos a vivir libres de pecado, dándonos la fuerza espiritual para vivir en integridad, con amor, paz y gozo. Si queremos experimentar lo mejor de la vida cristiana y ser llenos de Dios, debemos vivir separados del pecado con la ayuda de Su Santo Espíritu viviendo en nosotros. Debemos tener en mente el gran precio que Jesús pago para liberarnos de la esclavitud del pecado, y no abusar de la gracia de Dios pecando por complacencia. Pero si nosotros pecamos, siempre le podemos pedir a Dios en oración, a través de Su Hijo Jesús, por el perdón de nuestros pecados:

"Mis queridos hijos, les escribo estas cosas, para que no pequen; pero si alguno peca, tenemos un abogado que defiende nuestro caso ante el Padre. Es Jesucristo, el que es verdaderamente justo. ² Él mismo es el sacrificio que pagó por nuestros pecados, y no solo los nuestros sino también los de todo el mundo. Podemos estar seguros de que conocemos a Dios si obedecemos sus mandamientos," (1 Juan 2:1-3).[58]

No obstante nuestros pecados, Jesús nos ama y nos toca con Su maravillosa gracia para arrepentimiento. Jesús nos limpia de todos nuestros pecados con su preciosa sangre si se lo pedimos. Dios ama a sus hijos con amor preferencial, con ternura y con gran compasión. Él nos ama incondicionalmente, aún si no correspondemos a su amor; Jesús nos ama aún si nosotros somos indiferentes, porque su amor por nosotros no depende de nuestros sentimientos, sensaciones o acciones, sino que su amor está siempre presente, es absoluto e inmutable.

La esencia de Dios es amor, y es por esto, que su amor por nosotros es fiel e incondicional, y no depende de las acciones de la humanidad:[59] *Pero Dios mostró el gran amor que nos tiene al enviar a Cristo a morir por nosotros cuando todavía éramos pecadores,* (Romanos 5:8).[60] El amor de Dios es inconmensurable, y no tiene fin:

"El amor nunca se da por vencido, jamás pierde la fe, siempre tiene esperanzas y se mantiene firme en toda circunstancia. La profecía, el hablar en idiomas desconocidos, y el conocimiento especial se volverán inútiles. ¡Pero el amor durará para siempre!" (1 Corintios 13:7-8a).

El amor de Dios por nosotros es fiel y perfecto, constante y siempre presente. El amor de Dios es compasivo, incondicional y la verdadera fuente de vida. Dios es el origen de la felicidad y de nuestra paz. El amor de Dios está presente en Su creación, en todo lo que nos rodea. La belleza y el esplendor de la creación de Dios nos muestra la Gloria de Dios, es un testamento para Sus hijos, es el sello de autenticidad de Su Creador, y es el memorial viviente de su inconmensurable amor por nosotros. [61] Jesús nunca rechaza a nadie que venga a Él con un corazón que anhela conocerlo. A través de su ministerio, nosotros vemos a Jesucristo enseñando con gran paciencia y amor porque el conocimiento de Dios tiene el gran poder de transformar vidas. La palabra de Dios es verdadero conocimiento que rompe las cadenas de nuestra obscuridad e ignorancia.

La Luz de Dios es eterna, y da vida, (Juan 1:10). Jesús es la verdadera Luz, *quien da luz a todos,* (Juan 1:9). La luz de Dios descubre nuestra obscuridad y la transforma en luz, iluminando todo nuestro ser. Jesús dijo: *Yo he venido como una luz para brillar en este mundo de oscuridad, a fin de que todos los que pongan su confianza en mí no queden más en la oscuridad,* (Juan 12:46).[62]

La fidelidad del amor de Dios por nosotros se demuestra en su cariño y cuidado desde el primer segundo en que somos concebidos, hasta el momento en que se muere a esta vida, y entramos a la vida eterna con Él. La muerte para los cristianos en realidad no existe, porque después de esta vida terrena, nosotros vamos a vivir eternamente con Dios Padre y su Hijo Jesús, quien *irradia la gloria de Dios y expresa el carácter mismo de Dios, y sostiene todo con el gran poder de su palabra,* (Hebreos 1:3).[63]

Jesús dijo: "Yo soy la resurrección y la vida. El que cree en mí vivirá aún después de haber muerto. Todo el que vive en mí y cree en mí jamás morirá," (Juan 11:25-26). Es esta nuestra fe, nuestra esperanza y nuestra convicción, que Cristo Jesús nos transformará a su semejanza, venciendo la obscuridad que existe en nosotros, y nos levantará de entre los muertos con el mismo poder de su resurrección para vivir con Él, como hijos de la familia de Dios eternamente.[64] Como hijos de Dios, esta es nuestra certeza, que Dios, quien nos cuida, proveerá todas nuestras necesidades espirituales y físicas conforme *a las gloriosas riquezas que nos ha dado por medio de Cristo Jesús,* (Filipenses 4:19).

Dios da a Sus hijos no necesariamente lo que ellos piden, sino lo que Sus hijos realmente necesitan. Dios nos da de lo mejor que Él tiene, para entrenarnos, para perfeccionarnos, y hacernos ciudadanos aptos del Reino de los Cielos, para reinar con Jesús y con el Padre para siempre, (2 Timoteo 2:12). El Santo Espíritu de Dios viviendo en nosotros es una manifestación de su cariñoso y fiel amor, el cual nos conforta, nos enseña, y nos revela *las más profundas cosas de Dios,* (1 Corintios 2:10). Además, porque Dios nos ama, nos dio una comunidad de cristianos, para compartir con ellos. El cristianismo tiene que ser vivido, se tiene que sentir, y se tiene que compartir con otros. Si el cristianismo no es compartido, no hay crecimiento spiritual, ni tampoco podemos tener los frutos del Espíritu Santo.

Dios nos dio Su Santo Espíritu para ayudarnos mutuamente en nuestras comunidades cristianas, por medio de los dones de profecía, de una palabra de conocimiento, de sanación, así como el don de hablar en lenguas y su interpretación por algún miembro de nuestra comunidad cristiana.[65] Los frutos del Espíritu Santo viviendo en nosotros son "el amor, el gozo, la paz, la paciencia, la amabilidad, la generosidad, la fidelidad, la bondad y el auto-control," (Gálatas 5:22-23). Necesitamos una vida espiritual llena de frutos para una rica relación con Dios y una vida cristiana exitosa.

Nosotros necesitamos de la Iglesia, de la casa de Dios, de nuestra comunidad cristiana donde el amor de Dios se comparte con nuestros hermanos y hermanas en Cristo Jesús. Es por esto, que nosotros vamos a la Iglesia para escuchar la Palabra de Dios, y por medio de Su Espíritu Santo, recibimos inspiración y consejo. En la Iglesia, nos damos ánimo en nuestra fe estudiando juntos la palabra de Dios y cantamos himnos para alabar al Señor y adorarlo juntos. También en la casa de Dios, oramos por nuestras necesidades y las de nuestra comunidad y participamos en el trabajo misionero, para alcanzar a la humanidad sufriente con el evangelio. En el centro de nuestra vida espiritual esta el amor fiel de Dios por medio de su hijo Jesús, quien está con nosotros, la familia de Dios, compartiendo y orando, en su casa que es la nuestra: *Porque donde están dos o tres congregados en mi nombre, allí estoy yo en medio de ellos,* (Mateo 18:20).

El Padre nos dio a su único Hijo, aún sabiendo de antemano, la clase de sufrimiento y muerte que su Hijo Jesús iba a padecer para salvarnos. ¡Este amor de Dios es radical y tan verdadero, tan puro que va más allá de nuestra comprensión! Tanto ama Dios a la humanidad, tanto el Padre desea que aprendamos a vivir una vida feliz aquí en la tierra, y eternamente con Él, que nos dio a Su Hijo Unigénito, [66] para que viviera con nosotros, y nos quitara la enorme sed y hambre del alma por Dios. Es el Hijo, nuestro Señor Jesús, quien da a conocer el corazón de Dios Padre a la humanidad: *A Dios nadie le vio jamás; el unigénito Hijo, que está en el seno del Padre, él le ha dado a conocer,* (Juan 1:18).

Jesús vino a la tierra y tomo un cuerpo para estar cerca de nosotros. Cuando reflexiones en el evangelio querido lector, y te des cuenta del amor tan inmenso que Dios siente por ti, quien nos dio a Su Hijo Jesucristo, y que por amor, dio su vida por ti, sabrás sin ninguna duda que Dios te ama. Dios tiene un amor tan grande por ti, que va más allá del razonamiento humano, más allá del intelecto. Es un amor que podemos sentir pero que nuestro ser no puede comprender del todo, que nos hace poder amar a Jesús, y aún sentirlo sin haberlo visto.

Cuando realmente te des cuenta querido lector, por medio de la poderosa gracia de Dios, al leer sus palabras en el evangelio de cuanto Dios te ama, al conocer mejor su amor incondicional por ti y por la humanidad, sentirás el gozo de tu salvación, y estarás agradecido más allá de las palabras, como lo han estado muchos cristianos a través de los siglos.

Si ya has empezado a sentir el gozo de tu salvación, veras, que tu alegría aumentará, al descubrir cada día en el evangelio su amor por ti; y así, adquirirás consciencia de que Dios está en la humanidad y en toda la creación. Pablo quien se encontraba en una prisión en Roma, escribió a los Efesios acerca de nuestro crecimiento espiritual: "Pido en oración que, de sus gloriosos e inagotables recursos, los fortalezca con poder en el ser interior por medio de su Espíritu. Entonces Cristo habitará en el corazón de ustedes a medida que confíen en él. Echarán raíces profundas en el amor de Dios, y ellas los mantendrán fuertes." (Efesios 3:16-17). [67]

El amor de Dios por nosotros es tan grande e infinito, que está más allá de nuestra comprensión, y necesita meditarse, reflexionarse, y estar conscientes de su amor vivo en nosotros. Más que un sentimiento es la certidumbre, y más que la certeza es la convicción; es fe en Dios, o la confianza total y absoluta en Dios Padre como la de un niño en su padre, porque sabe que lo ama y que no hay nada de qué preocuparse; y así, plácidamente, se duerme en los brazos paternos. Pablo escribió sobre la grandeza del amor de Dios:

"Espero que puedan comprender, como corresponde a todo el pueblo de Dios, cuán ancho, cuán largo, cuán alto y cuán profundo es su amor. Es mi deseo que experimenten el amor de Cristo, aun cuando es demasiado grande para comprenderlo todo. Entonces serán completos con toda la plenitud de la vida y el poder que proviene de Dios," (Efesios 3:18-19).[68]

Dios se ha acercado a nosotros, a nuestra realidad, en nuestro estado espiritual, para mostrarnos amor en la persona de Jesús. No hay ninguna condenación, no hay juicio para quien escucha su palabra y la práctica, (Romanos 8:1; Juan 12:47). El amor fiel de Jesús siempre está cerca del enfermo, de la humanidad sufriente bajo la maldición del pecado, para perdonarnos y mostrarnos su bondad y para que tengamos amistad con Él.

De hecho, por Su infinito amor por nosotros, Jesús vino a la tierra desde el cielo, para ser la cura para la enfermedad y adicción al pecado, para encontrarse con nuestra naturaleza pecadora, y sanarla, restaurándonos: "Él sana a los de corazón quebrantado y les venda las heridas," (Salmo 147:3);[69] "Él mismo cargó nuestros pecados sobre su cuerpo en la cruz, para que nosotros podamos estar muertos al pecado y vivir para lo que es recto. Por sus heridas, ustedes son sanados.," (1 Pedro 2:24).[70]

Gracias a la compasión y misericordia de Dios Padre por nosotros, tenemos por medio de Su Hijo Jesús, la convicción de que Jesús es Uno con nosotros, que sentimos a Dios tan cercano y tan personal, hablándonos por medio de la palabra de Dios, caminando siempre con nosotros, acompañándonos en nuestra vida diaria, consolándonos con Su Santo Espíritu: *Ustedes aman a Jesucristo a pesar de que nunca lo han visto. Aunque ahora no lo ven, confían en él y se gozan con una alegría gloriosa e indescriptible. La recompensa por confiar en él será la salvación de sus almas, (1 Pedro 1:8-9).* En verdad, nosotros nos regocijamos en el inmenso y fiel amor de Dios, porque el Hijo de Dios descendió del cielo para estar con nosotros.

Jesús nos ama a cada uno de nosotros con amor preferencial, y camina con nosotros en nuestras alegrías y sufrimientos. Tenemos con la oración, una línea abierta para hablar con Dios, en cualquier momento que lo necesitemos, por el resto de nuestras vidas: "Y estamos seguros de que él nos oye cada vez que le pedimos algo que le agrada; y como sabemos que él nos oye cuando le hacemos nuestras peticiones, también sabemos que nos dará lo que le pedimos," (1 Juan 5:14-15) ¿Quien más puede entendernos como lo hace Jesús? Todos hemos sufrido muchas desilusiones en nuestros años viviendo en este mundo caído.

Jesús sufrió sed, pobreza, y fue rechazado por su gente. [71] Los amigos de Jesús, sus parientes y aún la gente de su propio pueblo, Nazaret, donde Jesús creció, no creían en Él, y dudaban de Él. La gente con los que se reunía en la sinagoga en Nazaret se escandalizó de sus palabras y querían matarlo.[72] La gente de

51

su pueblo ignoraba a propósito sus innumerables milagros que apuntaban a Él como el Hijo de Dios y su esperado Mesías. [73]

Jesús sufrió muchas desilusiones. Muchos de aquellos a los que sanó, ni siquiera le agradecieron por su recuperada salud. [74] Jesucristo era odiado y perseguido por su propia gente, quienes tramaron como asesinarle.[75] A Jesús, en su momento de mayor necesidad de consuelo, compañía y afecto, sus más íntimos amigos y sus parientes con excepción de algunas mujeres, del apóstol Juan y de su madre, lo abandonaron y lo traicionaron. Jesús, siendo inocente, sintió el abandono del Padre, cuando más necesitaba de Él. Judas Iscariote, uno de los apóstoles de Jesús, lo traicionó con un beso de amigo y lo vendió por treinta piezas de de plata;[76] el apóstol Pedro lo negó tres veces, mientras que los otros apóstoles corrieron a esconderse dejando a Jesús solo.[77]

Jesús sintió *Su alma muy triste, hasta la muerte,* (Marcos 14:34); en su angustia, en agonía ante el terrible futuro cercano en que sería torturado y perdería la vida en la cruz, Jesús *oró más intensamente; y era su sudor como grandes gotas de sangre que caían hasta la tierra,* (Lucas 22:44). [78]

Jesús fue objeto de burla y de insultos; a Jesús lo escupieron, lo abofetearon y lo calumniaron. Cristo Jesús sufrió una horrible tortura sin merecerlo y en su inocencia, fue juzgado como uno de los peores criminales, y por ello, sentenciado a morir en la cruz. [79] Pero no hay mayor prueba de la fidelidad del amor de Jesucristo, que aún en el clímax del dolor y en la agonía, pensó en nosotros y en su madre. Jesús oró por nosotros, y proveyó por su madre, dejándola al cuidado de su amado apóstol Juan, el único en presenciar la crucifixión de Jesús, y quien acompañó a la madre de Jesús.[80]

En su muerte por crucifixión, Jesús es el más pobre entre los pobres, desnudo, poseyendo nada. En vida, Jesús no tenía *ni siquiera un lugar donde recostar la cabeza;*[81] en su muerte, Jesús no tenía ni siquiera un lugar donde ser enterrado. Gracias a la intercesión y generosidad de José de Arimatea, quien era un seguidor secreto de Jesús, se pudo rescatar el cuerpo de Jesús, y proporcionarle una tumba nueva. Nicodemo, un fariseo y miembro del concilio Judío reinante, proveyó las caras especias para embalsamar a Jesucristo en su entierro, de acuerdo a la costumbre Judía. [82]Sin embargo, los sufrimientos de Jesús no empezaron con su ministerio.

Jesucristo no tuvo una vida fácil. Los sufrimientos de Jesús empezaron en la infancia. Jesús nació en Belén en un pobre establo. Con su familia, Jesús migró al desierto de Egipto por la persecución que puso en riesgo su vida, y de ahí a Nazaret. Billones de personas en todos los continentes se identifican con Jesús en su pobreza;[83] también se identifican con Jesucristo el inmigrante, porque millones de refugiados e inmigrantes en todo el mundo, han dejado sus países de origen por la falta de oportunidades, por persecución política y religiosa, por guerras, violencia e inseguridad, por hambrunas y pobreza. [84] Millones de personas han sido desplazadas y viven en países ocupados por fuerzas invasoras.

Aún en las más extremas circunstancias, miles de personas alrededor del mundo se identifican con Jesucristo porque ellos también han sufrido tortura. Millones de personas son víctimas de la tortura y asesinadas por sus creencias religiosas y políticas. Los cristianos, desde el nacimiento del cristianismo, hasta el día de hoy, han sufrido persecución, tortura y aún crucifixión en el Medio Oriente, en Asia y África, simplemente por ser seguidores de Jesús.[85]

La popularidad de Jesús trasciende todas las épocas por su sacrificio lleno de amor en la cruz para salvar a la humanidad de la muerte por el pecado y darnos vida eterna, y su solidaridad y compasión por la humanidad sufriente. Jesús no es extraño a nuestros sufrimientos y a nuestra pobreza material. Para muchos cristianos, Jesús es un miembro de la familia. Jesucristo es uno de nosotros, quien vivió careciendo de comodidades, y sin embargo, era rico en amor. ¡Todo esto muestra el amor fiel de Dios para con nosotros! ¡Jesús durante Su vida sobre la tierra, fue en verdad, uno de nosotros!

También nos identificamos con las muchas experiencias de Jesús en su vida cotidiana. Como muchos de nosotros, Jesús tenía un oficio; Él era carpintero y como muchos, vivía con su familia. Jesús estaba viviendo como cualquier otro ser humano antes de ser llamado por Dios para iniciar su misión. La vida de Jesús era tan normal y común a todos antes de su ministerio, que cuando Jesús empezó a enseñar en la sinagoga, escuchando sus palabras llenas de sabiduría y viendo sus milagros, [86] la gente de su pueblo preguntaba: *¿No es éste el carpintero, hijo de María, hermano de Jacobo, de José, de Judas y de Simón? ¿No están también aquí con nosotros sus hermanas? Y se escandalizaban de él,* (Marcos 6:3).El apóstol Pablo en su carta a los Hebreos, dice que Jesús sentía "simpatía."[87]

La palabra "simpatía," quiere decir sufrir con el otro; que la persona entiende y le importa los sentimientos del otro:[88] *Debido a que él mismo ha pasado por sufrimientos y pruebas, puede ayudarnos cuando pasamos por pruebas,* (Hebreos 2:18).[89] Jesucristo siente verdadera compasión por nosotros. El se conmueve con nuestros sentimientos, debido al sufrimiento que el soportó. Jesús sufrió de gran manera durante su ministerio y su crucifixión. Tal sufrimiento emocional y físico sobrepasa la medida de dolor que cualquiera de nosotros pudiese experimentar en diez vidas.

Debemos sentir confianza en la fidelidad del amor de Jesús por nosotros, en su compasión, en su solidaridad en todas las circunstancias de nuestras vidas. Jesús lo comparte todo con nosotros; nuestra alegría, pero también nuestros sufrimientos. Jesucristo está con nosotros todos los días y en todas nuestras circunstancias. Él está especialmente con nosotros cuando sobrellevamos dificultades y sufrimiento:

"Nuestro Sumo Sacerdote [Jesús], comprende nuestras debilidades, porque enfrentó todas y cada una de las pruebas que enfrentamos nosotros, sin embargo, él nunca pecó. Así que acerquémonos con toda confianza al trono de la gracia de nuestro Dios. Allí recibiremos su misericordia y encontraremos la gracia que nos ayudará cuando más la necesitemos.," (Hebreos 4:15-16).[90]

La palabra "compasión,"[91] se ve frecuentemente en la Biblia refiriéndose a Dios como un ser espiritual que es bondadoso y compasivo: *El Señor es bueno con todos; desborda compasión sobre toda su creación,* (Salmo 145:9).[92] El diccionario Merriam-Webster define la palabra compasión como "la simpatía consciente de los sufrimientos de otros, junto con el deseo de aliviarlos."[93] El diccionario de la Real Academia Española, define el sentimiento de compasión como los sentimientos de pena, ternura e identificación ante los males de alguien. En verdad, esto es lo que Dios siente por nosotros. Jesús tiene compasión de nuestros sufrimientos y situaciones duras y se identifica con ellas, porque el también sufrió y pasó por experiencias aún más duras que las nuestras. Nace del amor de Dios, su deseo de aliviar nuestro sufrimiento. Por esta razón, Dios mando a su Hijo Jesús al mundo, "a buscar y a salvar a los que están perdidos," (Lucas 19:10);[94] Jesús es el amor fiel de Dios por la humanidad. Es el amor de Dios, en la persona de su Hijo Jesús, él que nos acompaña en nuestros sufrimientos:

"Alabado sea el Dios y Padre de nuestro Señor Jesucristo, pues él es el Padre que nos tiene compasión y el Dios que siempre nos consuela. Él nos consuela en todos nuestros sufrimientos, para que nosotros podamos consolar también a los que sufren, dándoles el mismo consuelo que él nos ha dado a nosotros,"(2 Corintios 1:3-4).[95]

La compasión y el amor fiel de Dios por nosotros trajo a Jesús a la tierra para ser nuestra luz en nuestra obscuridad. Jesús dijo: "Yo, la luz, he venido al mundo, para que todo aquel que cree en mí no permanezca en tinieblas," (Juan 12:46). La obscuridad es la negación de la vida misma. Jesús dijo: yo *he venido para que tengan vida, y para que la tengan en abundancia*, (Juan 10:10). Jesús es el Hijo de Dios y Uno con el Padre, pero por nuestro bien, ÉL *se hizo carne*, [96] para mostrarnos como vivir bien con Dios y con nuestro prójimo. Si hacemos lo que dice Su Palabra, nosotros vivimos en Su luz, en Su conocimiento, y dejamos de vivir en la obscuridad. La Palabra de Dios en la Biblia es el conocimiento que necesitamos para alcanzar nuestro verdadero potencial como seres humanos, para vivir bien con Dios, como ciudadanos en nuestras sociedades y es de mayor importancia en el reino celestial de Dios. Si vivimos de acuerdo a la verdad que Jesús nos revela en su palabra, recibimos de Él paz, esperanza y gozo que no dependen de las cosas materiales que tengamos, o de las dificultades en la vida, sino en la certidumbre de que el amor Dios es fiel: *El que no escatimó ni a su propio Hijo, sino que lo entregó por todos nosotros, ¿cómo no nos dará también con él todas las cosas?* (Romanos 8:32).

Cuando el Espíritu de Dios vive en sus hijos, ellos traen el reino de los cielos al mundo cuando aman a su prójimo. Cuando imitamos las acciones amorosas de Jesucristo, aprendemos a verdaderamente *amar a Dios y a nuestro prójimo como a nosotros mismos,* (Marcos 12:30-31). Dios Padre, por medio de Su Hijo Jesucristo, nos mandó Su Santo Espíritu, para ayudarnos, para darnos animo, para enseñarnos el evangelio, las buenas nuevas para toda la gente, (Juan 14:25). Jesús es *la fuente de aguas vivas que no se seca,* (Jeremías 2:13). Jesús dijo: "pero el que beba del agua que yo le daré, nunca volverá a tener sed. Porque el agua que yo le daré se convertirá en él en manantial de agua que brotará dándole vida eterna," (Juan 4:14).

La Palabra viva de Dios cambia nuestros corazones y nos transforma a su semejanza. Su semilla se multiplica en los corazones y en las mentes, cuando predicamos el evangelio como Jesucristo nos lo encomendó, haciendo al mundo mejor

57

una persona a la vez: *Y les dijo: Id por todo el mundo y predicad el evangelio a toda criatura,* (Marcos 16:15).

Los cristianos, nos dice Jesús, son *la sal de la tierra. Pero ¿para qué sirve la sal si ha perdido su sabor? ¿Pueden lograr que vuelva a ser salada? La descartarán y la pisotearán como algo que no tiene ningún valor,* (Mateo 5:13). La sal realza el sabor y el aroma de nuestra comida. La sal es el método más viejo para preservar la comida. De la misma manera, los cristianos que viven en el amor de Dios, llevan a cabo acciones que dan sabor de amor perdurable al mundo, preservan nuestro santísimo cristianismo, y realzan el aroma de un sacrificio fragante y agradable a Dios.

Jesús dijo: *y he aquí yo estoy con vosotros todos los días, hasta el fin del mundo. Amén,* (Mateo 28:20). El amor de Dios es fiel, esta siempre con nosotros y viviendo en nosotros. Dios nunca se da por vencido con nosotros, a menos que decidamos que no queremos a Dios en nuestras vidas. ¿Quién puede despreciar al amor y la verdadera felicidad? Y sin embargo, muchos rechazan a Jesús quien es el verdadero amor.

La decisión más importante que hemos de tomar en nuestras vidas, es el dar nuestras vidas a Jesús y seguirlo. Jesús fue voluntariamente a la cruz, para expiar por nuestros pecados y para reconciliarnos con el Padre: *Porque si siendo enemigos, fuimos reconciliados con Dios por la muerte de su Hijo, mucho más, estando reconciliados, seremos salvos por su vida. Y no sólo esto, sino que también nos gloriamos en Dios por el Señor nuestro Jesucristo, por quien hemos recibido ahora la reconciliación,* (Romanos 5:10-11).

Jesús hizo un camino al cielo para nosotros, sus hijos, para que podamos vivir eternamente con Él: *De cierto, de cierto os digo: El que oye mi palabra, y cree al que me envió, tiene vida eterna; y no vendrá a condenación, mas ha pasado de muerte a vida,* (Juan 5:24). Al experimentar el cariño y el infinito amor de Jesús, es irresistible la necesidad de transmitir a cada persona que conocemos el amor de Dios. Esparcimos el amor de Jesucristo y su palabra, extendiendo nuestras manos, nuestros corazones y nuestra fe al mundo entero. El gozo del amor maravilloso de Jesús viviendo en nosotros los cristianos, no se puede contener en nosotros sino que necesita ser compartido con otros.

La flama eterna del amor de Jesús viviendo en nosotros y Su Santo Espíritu, nos convocan a darnos nosotros mismos al servicio de Dios y de nuestro prójimo. Compartamos la Gracia que tocó nuestros corazones con el precioso regalo de Jesús, nuestra salvación.

—FIN—

BIBLIOGRAFÍA

[1] Los versículos de la Biblia son de la versión Reina-Valera 1960. Sin embargo, también hemos usado, La Nueva Traducción Viviente, (NTV), y Dios Habla Hoy (DHH).

[2] DHH.

[3] NTV

[4] NTV

[5] DHH

[6] NTV

[7] NTV

[8] NTV

[9] 1 Juan 5:14-15; Romanos 4:25.

[10] 2 Corintios 4:4.

[11] Ertelt, Steven. Experto declaro en el Congreso de los Estados Unidos de América que los nonatos pueden sentir dolor desde las ocho semanas de vida. Mayo 12, 2015. En línea: http://www.lifenews.com/2015/05/12/expert-told-congress-unborn-babies-can-feel-pain-starting-at-8-weeks/ . Esta cita fue consultada en Junio 1 de 2016.

[12] Chambers, "21st Century Dictionary." Hopetown Crescent, Edinburgh. Chambers Harrap Publishers, Ltd. 1999. Pg 484.

[13] NTV

[14] 1 Pedro 3:17

[15] NTV

[16] Mateo 7:14.

[17] Juan 7:38.

[18] Apocalipsis 4:6.

[19] Sofonías 3:17.

[20] Josué 1:8; Salmo 119:97; Salmo 1:2; Génesis 24: 63; Salmo 63:6; Salmo 77:3,6,12; Salmo 119:15,23,27,48.78.148; Salmo 143:5; Salmo 145:5; Lucas 21:14. " הגה. (hâgâh): "gemir, gruñir, murmurar, meditar, devisar, musitar," The Brown-Driver-Briggs Hebrew and English Lexicon. Oxford, Clerendon Press, 1906. Dominio público.

[21] Isaías 12:3.

[22] DHH

[23] DI II I
[24] DHH
[25] Filipenses 3:20.
[26] Juan 14:2.
[27] 2 Corintios 11:16-28.
[28] 2 Corintios 12: 7-8.
[29] Hechos de los Apóstoles 22: 4-5.
[30] Gigot, F. (1909). Gamaliel. In "The Catholic Encyclopedia." New York: Robert Appleton Company. Retrieved August 24, 2016 from New Advent: http://www.newadvent.org/cathen/06374b.htm. Consultado: Agosto 24, 2016.
[31] Hechos de los Apóstoles 22:3.
[32] Ibid.
[33] DHH
[34] Marcos 8:18.
[35] NTV
[36] Hechos de los Apóstoles 9: 7-8.
[37] Sulpitius Severus. *Sulpici Severi Chronica.* Liber Secundus, 29. Acerca de la muerte de Paul por decapitación y de Pedro por crucifixión. The Latin Library. En línea: http://www.thelatinlibrary.com/sulpiciusseveruschron2.html . Consultado en Mayo 30, 2016. Véase también Quintus Septimus Florens, Tertullian. "Prescription against Heretics." Chapter XXXVI. "The Apostolic Churches the Voice of the Apostles. Let the Heretics Examine Their Apostolic Claims, in Each Case, Indisputable. The Church of Rome Doubly Apostolic; Its Early Eminence and Excellence. Heresy, as Perverting the Truth, is Connected Therewith." Christian Classics Ethereal Library. En Línea: http://www.ccel.org/ccel/schaff/anf03.v.iii.xxxvi.html. Consultado en Mayo 30, 2016.
[38] 1 Pedro 2:5.
[39] NTV
[40] 2 Corintios 5:17.
[41] NTV
[42] Romanos12:18.
[43] 1 Juan 2:9.

44 Proverbios 19:11.
45 2 Corintios 12:9.
46 NTV
47 Efesios 2:9-10.
48Filipenses 2:17 NTV.
49 NTV
50 2 Timoteo 3:16.
51 Romanos 14:17 DHH.
52 DHH
53 1 John 2:15
54 NTV
55 1 Juan 3:4; Juan 13:35; 1 Juan 4:12.
56 Efesios 2:2; 5:6.
57 Pecado: ἁμαρτία (hamartia), "errar, perder la meta,"Thayer, Joseph, H. "Greek-English Lexicon of the New Testament." New York, NY. U.S. Corrected Edition. American Book Company. Harper & Brothers, 1989.
58 NTV
59 1 Corintios 1:9.
60 NTV
61 1 Juan 4:18; Malaquías 3:6; Hebreos 13:8; Job 12:7-10.
62 NTV
63 NTV
64 1 Corintios 6:14.
65 1 Corintios 12:7-11.
66 Juan 3:16.
67 NTV
68 NTV
69 NTV
70 NTV
71 Juan 19:28 2 Corintios 8:9: Filipenses 2:7; Marcos 6:1-6; Marcos 6:4.
72 Lucas 4;14-30
73 Juan 12:37-40; Marcos 6:1-6; Lucas 4:16-30.
74 Juan 12:37-40; Marcos 6:1-6; Lucas 4:16-30.
75 Juan 12:37-40; Marcos 6:1-6; Lucas 4:16-30.
76 Mateo 26:15.

[77] Mateo 26: 33-34; Marcos 14:30; Marcos 14:72; Mateo 26: 56,75.

[78] Mateo 26:37-38; Marcos 14:33-34; Lucas 22:44.

[79] Lucas 22:63-64; Juan 18;22; Mateo26:67; Marcos 14:65; Mateo 27:33-50; Marcos 15:25-32; Lucas 23:32-42.

[80] Juan 19:25-27.

[81] Lucas 9:58.

[82] Mateo 27:57-60; Juan 19:38-42; Lucas 23:50-53; Marcos 15:42-46; Juan 3:1-20; Juan 7:50-51.

[83]World Bank sobre la pobreza. En línea: http://www.worldbank.org/en/about. Consultado en Mayo 12, 2016.

[84] Migration Policy Institute. En linea: http://www.migrationpolicy.org/programs/data-hub/maps-immigrants-and-emigrants-around-world. Consultado en Mayo 12, 2016.

[85] Breitbar: Report: ISIS Has Crucified, Tortured Thousands of Christians in Iraq, Syria: http://www.breitbart.com/national-security/2015/09/29/report-isis-crucified-tortured-thousands-christians-iraq-syria/. Consultado en Mayo 12, 2016. Reuters: Islamic State committed genocide against Christians, Shi'ites: U.S. En linea: http://www.reuters.com/article/us-mideast-crisis-usa-genocide-idUSKCN0WJ1OL. Consultado en Mayo 12, 2016.

[86] Marcos 6:2-3.

[87] sumpatheō̄, (συμπαθέω). Thayer, Joseph, H. "Greek-English Lexicon of the New Testament." New York, NY. U.S. Corrected Edition. American Book Company. Harper & Brothers, 1989.

[88] Simpatía: "El sentimiento que se tiene de importarnos alguien y de sentir sufrimiento por el sufrimiento, los problemas, la desgracia, y el dolor de esa persona; también dícese de un sentimiento de simpatía." (traducción de la autora al español). Merriam-Webster Dictionary.

[89] NTV. Los traductores de la Biblia versión King James 1611 traducen la palabra "simpatía," (sumpatheō̄), como "sentirse conmovido con nuestros padecimientos," (Hebreos 4:15).

[90] NTV

[91] Del Hebreo רחם(raḥam): compasión, misericordia. The Brown-Driver-Briggs Hebrew and English Lexicon. Oxford, Clerendon Press, 1906. Dominio Público.

[92] NTV

[93] Merriam-Webster Dictionary. En línea: http://www.merriam-webster.com/dictionary/compassion. Consultado en Mayo 12, 2016. Traducción al español de la autora.

[94] NTV

[95] DHH

[96] Juan 1:14.

ACERCA DE LA AUTORA

Beatriz sintió el llamado de Dios para compartir el amor de Dios a través de sus libros. Ella tiene más de 40 años estudiando la Palabra de Dios y frecuentemente comparte el amor de Dios con cristianos y no cristianos por igual. Beatriz es una doctora en medicina retirada, quien además curso la maestría de teología en la Universidad de Notre Dame en South Bend, Indiana, en los Estados Unidos de América, además de la maestría de postgrado en Relaciones Internacionales en la Universidad de Washington en Saint Louis, Missouri, Estados Unidos de América. Beatriz disfruta de ayudar a otros a entender mejor la Biblia y cuidar de su familia. Beatriz y su familia forman parte de una Iglesia cristiana sin denominación en Maryland Highs, Missouri, en los Estados Unidos de America.

OTRAS PUBLICACIONES

Título: Humildad: La Belleza de la Santidad
Autor: Rvdo. Andrew Murray
Prologo: Dr. Beatriz Schiava
Obra editada, traducida y anotada al español por la
Dra. BeatrizSchiava MD., MTS., MA.
Libro publicado por: Ancient Christianity Press

MEDIOS SOCIALES

Beatriz comparte posters cristianos, oraciones, versos Bíblicos y comentarios sobre la Biblia e historia del cristianismo en medios sociales como twitter, facebook y pinterest. Puedes hacer contacto con Beatriz y enterarte de nuevas publicaciones en su página de internet, o en los siguientes medios sociales:

La página de internet de Beatriz:
www.ancientchristianitypress.com

En Twitter:
@ChristianInst
https://twitter.com/ChristianInst

En Facebook:
https://www.facebook.com/AncientChristianity

En Pinterest:
https://www.pinterest.com/christianinst/

NOTAS